알렉산드르 소쿠로프

폐허의 시간

이 도서의 국립중앙도서관 출판예정도서목록(CIP)은
서지정보유통지원시스템 홈페이지(http://seoji.nl.go.kr)와
국가자료공동목록시스템(http://www.nl.go.kr/kolisnet)에서 이용하실 수 있습니다.
CIP제어번호: CIP2015029067(양장), CIP2015029068(반양장)

알렉산드르 소쿠로프

폐허의 시간

이지연 · 홍상우 엮음

한울
아카데미

이 책은 2009년 정부(교육과학기술부) 재원의 한국연구재단 지원으로

출판되었음(NRF-362-2009-1- B00005)

차례

알렉산드르 소쿠로프, 시간의 박물관

이지연

1. 죽음, 숨겨진 얼굴

사물. 사물의 갈색 빛.
그것의 지워진 윤곽.
황혼. 그 뿐이다. 아무것도
더는 없다. 정물화다.

죽음은 다가와 육체를
찾아낼 것이다. 그러면 그 표면은
마치 여인이 찾아온 듯
죽음의 방문을 비출 것이다.

해골, 앙상한 뼈, 낫
그런 건 다 헛소리다. 거짓말이다.
네 앞에 찾아온 죽음은
너의 두 눈의 모습을 하고 있을 것이다.

브로드스키, 「정물화」 중

소쿠로프의 영화를 지배하는 단 하나의 이미지를 말하라면 그것은 물론 죽음이다. 〈어머니와 아들〉, 〈세컨드 서클〉, 〈돌〉과 같은, 명백히 죽음을 앞두고 있거나, 죽은 몸을 마주하거나, 혹은 죽은 이와 조우하는 영화들만이 아니다. 영화의 평면 위를 흐르듯 그려지는 비스듬한 풍경과 그 위에 드리운 안개는 누군가의 죽음을 슬퍼하는 흐려진 시선을 닮았다. 심지어 영화 속의 소리마저 죽음의 숨결을 담고 있다. 가령 〈러시아 엘레지〉가 그렇다. 영화의 시작과 함께 들리는 환자의 힘겹고 가쁜 숨소리는 이후 별다른 설명 없이 이어지는 흑백의 기록사진들을 충분히 설명해준다. 강렬해서 끔찍했던, 심지어 영화를 그만 보고 싶게 만들었던 그 죽음의 소리는 너무 생생해 낯설었다.

죽은 아버지의 그로테스크한 몸을 그대로 보여주고 망자에 대한 장례의식마저 일상의 산문성에 압도되도록 하는, 죽음에 대한 그 어떤 애도도, 신화적 의미화도 차단하는 영화 〈세컨드 서클〉은 사실 죽음에 대한 모든 영화적 재현의 관행을 조롱하고 있었다. 그것은 알렉세이 게르만(Aleksei German)의 명백히 반스탈린주의적 영화에 등장했던 죽음을 맞은 스탈린의 비루한 몸을 연상시킨다. 살아서 이미 신성을 얻고 기호가 된 스탈린의 몸은 죽음의 순간에서야 빛나는 제복으로 감싸인 그 신화적 몸을 벗어버린다.

이 두 영화에서 죽은 '아버지' 곁에서 그를 응시하는 것은 다름 아닌 그의 생물학적, 혹은 기호적 아들이다. 카메라는 아버지를 보는 이들의 시선을 따라가지만 그들이 보는 아버지의 얼굴은 정작 우리에게 자세히 보여주지 않는다. 즉, 화면 안에서 그들의 유사성의 표지인 아버지의 얼굴은 지워지고 그의 몸, 벌거벗은 죽은 몸만이 남겨진다. 이때의 얼굴 없는 몸은 이미 사물의 영역에 속한다.

얌폴스키는 인간에게 얼굴이란 자기동일성의 기호이자 신성을 갖지 못한 인간이 그 유사성으로 신성을 연기하기 위해 쓰는 가면이라 말했다. 가면을 마주하는 것은 이미 일정 정도 어떤 상상적 존재로 이행한 몸의 형상과 조우하는 것이다. 그러기에 가면은 형상이자 동시에 이미지다. 즉, 그것은 얼굴이 언어의 영역에 가까워진 것, 그것이 부분적으로나마 다른 기호적 단계로 이행한 것이다. 가면은 인간이 신과 구별되는 지점, 즉 신과는 달리 인간이 어떻게도 극복할 수 없는 것, 바로 죽음을 가리고 있다. 소쿠로프의 영화 속 일그러져 있거나 은폐되는 얼굴은 우리 곁을 부유하면서 슬쩍슬쩍 그 모습을 드러내며 동시에 또 유예되기도 하는 죽음의 형상이다.

우리가 응시할 수 없는 가면 아래의 얼굴, 곧 죽음은 그것을 응시하는 또 다른 우리와 사물이 된 아버지의 몸을 통해 재현된다. 아들들이 보는 것은 자신과의 유사성에 대한 담보물로서의 얼굴을 걷어낸 아버지의 죽음 그 자체인 동시에, 가면을 벗은 자신의 얼굴과의 조우로서의 죽음이기도 하다. 이러한 타자화된 자신의 죽음이라는 재현될 수 없었던 사건과 그 생생한 사물로서의 몸을 그리는 소쿠로프의 영화는 따라서 자화상인 동시에 정물화다.

2. 폐허

태초에 폐허가 있으니. 폐허란 이미지가 그 첫 응시의 순간부터 겪게 되는 사건이다.

데리다(J. Derrida), *Memoirs of the Blind. Self-Portrait and Other Ruins*

〈부타데스 혹은 그림의 기원〉 조제프 브누아 쉬베 작, 1791년

누군가 지적했듯이 사진의 노에마는 '존재했음'에 대한 단언이다. 회화 예술 또한 다르지 않다. 데리다가 '눈 먼 자들의 기억'이라는 역설적인 제목의 전시회를 통해 보여주고 있는 것은 다름 아닌 회화 예술이 그리는 대상의 '더는 존재하지 않음'이다. 전시된 작품 중에는 조제프 브누아 쉬베(Joseph Benoit Suvee)가 1791년 발표한 그림 〈부타데스 혹은 그림의 기원〉이라는 작품이 포함되어 있었다. 이 그림은 길을 떠나야 하는 연인의 벽에 비친 그림자를 그림으로써 그의 형상을 보존하려 했던 신화 속 여인의 행위를 그림의 기원이라고 설명한다. 그림 안에서 여인의 시선은 연인이 아닌 그의 그림자를 향하고 있다. 그림자는 대상 없이 존재할 수 없지만 동시에 대상이 아니다. 대상의 희미한 형상, 그림자는 기억과도 닮아 있

다. 데리다는 이 그림을 통해 그림이 지각이 아닌 기억에 의존하고 있다고 말한다. 그러한 의미에서 그림의 기원은 눈멂이다. 현전과 부재를 동시에 지시하는 그림자는 이중의 기호다.

소쿠로프의 영화에는 그림과 사진 등, 정지된 장면들이 많다. 정지된 화면 내부의 물결치는 듯 흐르는 움직임은 마치 그 정지된 장면 안에 봉인된 시간의 떨림과도 같다. 시간과 공간의 흐름 가운데서 추출된 정지된 평면 안에 또 다른 지속으로서의 시간이 흐르는 것처럼, 가두어진 시간은 자신의 결을 만들어 내며 오히려 더 깊은 다른 차원의 시간의 통로로 우리를 인도한다. 이 길을 때로 카메라의 움직임이 아닌 음향이나 음악이 동행한다.

소쿠로프의 영화에서 공간은 부피를 잃고 평면으로 겹겹이 쌓인다. 이는 공간의 변화나 사물의 움직임으로만 표상될 수 있는 영화적 시간을 정지된 공간 안에 재현해내려는 무모한 시도로도 보인다. 평면 위에 공간의 이미지를 만들어내는 영화적 마법을 대신해 그 안에는 공간을 넘어서는 시간이 압축되어 담긴다. 마치 언제 표면 위로 떠오를지 모르는 여러 시공간의 잠재된 형식인 것처럼 그 평면의 공간은 더 넓은 기억의 시간들을 향해 열린다.

『죄와 벌』의 주인공의 여정을 따라 가는 〈속삭이는 페이지〉에서는 가만히 앉아 있는 예심판사 포르피리의 형상이 마치 그림처럼 박제되고 이어 위베르 로베르가 그린 폐허의 그림이 영화적 공간과도 같은 미장센으로 전면화된다. 얼마간의 응시 끝에서 위베르 로베르의 상상의 폐허 공간은 영화의 다른 어떤 장면보다 선명한 색채를 얻어 마치 그림이나 기억이 아닌 영화 속 현실처럼 영화 전체의 서사 안으로 들어온다.

죽음은 이러한 부재의 기호들로서의 사진과 그림들, 정지된 장면들 곳곳에 어려 있다. 사실 이는 모든 사라진 것들의 흔적이다. 그러한 의미에서 그 것은 본질적으로 폐허의 모습이다. 소쿠로프가 자신의 길지 않은 영화 한 편을 온전히 폐허의 화가 위베르 로베르에게 바친 것은 우연이 아니다(<위베르 로베르, 행복한 인생>). 영화의 화자가 언젠가 일본에서 본 노 극장의 흰 가면을 쓴 배우의 무표정한 얼굴과 정지된 듯 느린 몸짓, 벚꽃이 만개한 회화적 정경은 자연스럽게 로베르의 폐허를 그린 그림으로 환유된다. 자연과 완전히 하나가 된 폐허의 풍경이야말로 역사적 기념비를 완전한 죽은 자연(Nature Morte)으로 그리는 정물화라 할 것이다. 소쿠로프가 인위적인 붓질을 통해 만들어낸 뿌연 안개는 폐허 위를 흐르는 시간의 이미지와도 같다. 또한 그 눈[snow]덮의 공간 속에서 희미하게 모습을 드러내는 영화적 시간이란 소쿠로프가 자신의 모든 작품을 통해 집요하게 추구한 기억의 형상과 다르지 않다.

3. 제국

> 네가 만일 갑자기 현실에서보다 대리석 속에서 더 좋아 보이는
>
> 돌로 된 풀과 맞닥뜨리게 된다면,
>
> 혹은 님프와의 장난에 정신을 빼앗긴 목신을 보게 된다면,
>
> 그리고 이들 모두가 꿈속에서보다 청동 속에서 더 행복해 보인다면,
>
> 친구여, 너는 이제 고단한 손에서 지팡이를 내려놓아도 될 것이다.
>
> 너는 지금 제국에 와 있는 것이니.
>
> 브로드스키, 「토르소」 중

소련을 제국이라 부를 수 있다면 이는 그 끝이 보이지 않는 거대한 영토뿐 아니라 그러한 공간적인 무한을 시간의 차원으로 투사하며 종말을 유예하는 영원성의 환상 때문이기도 할 것이다. 자연히 이러한 탈시간의 제국이 역사와 관계를 맺는 것은 단지 폐허를 통해서일 수밖에 없다. 폐허를 뒹구는 부서진 돌들 가운데 비로소 제국의 역사가 그 흔적을 남긴다. 소쿠로프의 흔히 '권력 4부작'(<토러스>, <몰로흐>, <The Sun>, <파우스트>)이라 일컬어지는 영화들은 그러한 의미에서 죽음과 폐허를 그리는 그의 일련의 작품과 모종의 연속성을 담보한다.

스탈린이 자행한 역사적 시간의 부정은 곧 시간에 대한 전체적인 기호화를 의미했다. 스탈린 시기 문화의 리얼리즘에 대한 지향은 실제 현실을 대체하는 완벽한 기호적 삶을 향해 나아간다. 이데올로기에 따라 직조된 텍스트는 진정한 반영이라거나 현실과 공존하는 복사본으로가 아니라, 현실의 대체로 이해되어야 한다. 시간성에 대한 부정에 의해 역사적 사물들은 역사적 기념비로 변화한다. 그리고 역사는 기호적 시간 속에서 실현되기 시작한다.

그 기호들은 영화 속의 의미론적 사물과 유사하다. 그러한 사물들의 움직임을 통해 전체주의 국가의 기호의 역사가 만들어진다. 당연히 전체주의의 시간은 영화적 내러티브의 시간을 닮아 있다. 소쿠로프가 제국의 시간을 해체하는 방식이 죽음에 대한 재현들을 해체하는 방식과 다르지 않은 것은 전혀 이해 못할 것이 없다. 그가 영화예술의 관례로부터 거리를 두고 있듯이 그는 제국의 시간에 대해 철저히 외재성을 견지한다. 그가 그리는 폐허는 외부로부터 본 제국의 다른 모습이다.

스탈린의 '위대한 양식'의 또 다른 한 얼굴이라 할 수 있을 후기 아방가르드의 사물은 엄밀한 의미에서 텅 빈 대상으로서의 마이너스 기호이거나 그 어떤 외피도 없는 '몸 그 자체'였다. 소쿠로프가 권력자들을 해체하는 방식은 바로 후기 아방가르드가 사물을 다루는 방식과 같다. 유배지의 히틀러, 죽어가는 레닌, 신도 태양도 아닌 인간임을 자인할 수밖에 없었던 히로히토의 모습을 통해 권력의 기호가 되기 이전의 '왕의 자연적 몸'을 전면에 부각시킨다.

그러나 1970~1980년대 소련 언더그라운드 예술가들의 소련 기호에 대한 해체 작업과도 유사해 보이는 소쿠로프의 미학적 전략에도 불구하고 그의 영화에는 그러한 정치적 (무)의식을 능가하는 노스탤지어와 애수가 배어 있다. 특히 엘레지 연작들은 기억의 문제와 러시아, 소련의 문화적 유산의 문제, 마치 체제 외부의 시간을 살아낸 듯 보이는 사람들의 일상의 문제를 그리면서 모든 사라진 것을 애도한다.

스탈린 시대를 비롯한 소련의 역사 50년을 모든 가치 있는 문화와 예술의 종말로 사유하는 익숙한 태도에 저항하면서 그는 시간과 권력의 억압 가운데서 살아남은 러시아 문화예술에 대한 오마주를 숨기지 않는다. 슬라보예 지젝(Slavoj zizek)은 솔로몬 볼코프(Solomon Volkov)가 쇼스타코비치에 대한 전기에서 그를 '숨은 반체제 인사'로 규정하는 것을 불편해했다. 쇼스타코비치의 위대함은 본질적으로 형용모순일 수밖에 없는 '숨은 반체제 인사'라는 표현에 있지 않다. 오히려 지젝은 그의 스탈린주의적 교향곡들의 모호함 속에 내재하는 도착적인 사도마조히즘에서 쇼스타코비치의 절대적 고유성을 발견한다.

〈비올라를 위한 소나타: 드미트리 쇼스타코비치〉에는 쇼스타코비치 삶과 음악에 대한 소쿠로프의 이해와 공감이 드러나 있다. 음악가의 삶의 순간을 담고 있는 사진들과 비디오 화면들은 철저히 쇼스타코비치의 음악 위에 구성되어 있다. 영화의 제목이기도 한 쇼스타코비치의 비올라 소나타는 마치 그의 삶 전체를 흐르는 시간처럼 영화 전체에서 변주된다. 그 가운데 음악가의 다른 실험적이고 기념비적 음악들이 마치 그의 삶의 각각의 사건인 듯 대조적으로 병치되며, 때로는 다성악적으로 울린다. 이러한 음악의 몽타주가 쇼스타코비치의 삶에 대한 소쿠로프 자신의 애틋함을 담고 있는 일종의 이솝의 언어임은 부정할 수 없다. 그러나 소쿠로프는 쇼스타코비치의 이름 앞에 붙여진 모든 소련의 수식어를 탈신화하는 동시에 소련이라는 독특한 시간이 만들어낸 그의 음악을 숨은 반체제 인사라는 굉장히 제한적인 프리즘을 걷어낸 전체로서 보여준다. 이때 거기에는 분명 소련이라는 체제에 대한 비판을 넘어서는 애도가 존재한다.

주인공 라스콜리니코프가 거대한 암늑대의 조각상 아래로 기어들어가 마치 로물루스처럼 청동의 젖을 빠는 〈속삭이는 페이지〉의 마지막 장면에는 제국의 탄생과 그 폐허의 이미지가, 그 안에서의 인간의 삶과 죽음에 관한 암시가 묘하게 결합되어 있다. 암늑대의 들어 올린 앞발 아래에 얼굴을 숨기고 마침내 그 배 아래에서 완전히 자신의 몸을 은폐하는 마지막 장면은 분명 라스콜리니코프라는 '제국'의 사생아의 죽음과 그의 완전한 사라짐을 그린다. 때마침 화면 위로 흐르기 시작하는 영화의 주제 음악, 말러의 「죽은 아이를 그리는 노래」는 이 모호한 영상의 의미를 보다 분명히 드러낸다.

소쿠로프의 그 어떤 영화보다 더 비극적으로 느껴지는 〈속삭이는 페이지〉는 그럼에도 푸시킨과 고골, 도스토옙스키로 이어지는 페테르부르크 텍스트의 모든 것을 담아내며 탄생의 순간부터 폐허일 수밖에 없었던 이 독특한 도시의 삶과 사물들을 애도한다. 그가 즐겨 사용한 '엘레지'라는 장르는 사실 그의 모든 영화의 부제라 해도 좋을 것이다. 그의 영화는 모든 사라진 것을 불러내고 그 넋을 보존하고 있는 일종의 박물관이다. 박물관 역시 그렇다면 폐허다. 러시아 우주론 철학자 표도로프(Nikolai Fyodorov)가 꿈꾸었던 박물관의 되살아남이 모든 죽은 이들이 무덤으로부터 부활하는 구약의 한 선지자의 꿈의 형상을 반복하고 있는 것은 우연이 아니다. 박물관에는 분명 죽음이라는 실존을 넘어서려는 인간의 영원을 향한 꿈이 깃들어 있다.

4. 페테르부르크

> 표트르의 창조물이여,
>
> 너를 사랑하노라!
>
> 알렉산드르 푸시킨, 「청동 기마상」

1900년대 초반 혁명을 직접 겪은 러시아의 인텔리겐치아 중 많은 이들은 죽지도 망명하지도 않은 채 1930~1940년대 그들이 생각했던 것과는 전혀 다른 사회주의 유토피아의 현실을 힘겹게 살아내고 있었다. 그들이 꿈꾸었던 예술 창조를 통한 삶의 창조라는 혁명의 이상이나 예술의 형식 실험으로부터 오는 미학적 황홀경은 문화혁명으로 일종의 문화적 평준화가 자행된 소련의 일상과는 어울리지 않아 보였다.

그런데도 이후 소련에 해빙의 바람이 불고 언더그라운드가 더는 지하의 예술만은 아닌 지점에 이르렀을 때 1900년대 초반 러시아 예술가들의 유산이 사라지지 않고 기억되고 있었다는 사실을 눈치채는 것은 어렵지 않았다. 1920년대 활동한 작가들은 소련 시기를 살면서도 푸시킨으로부터 이어져 오는 러시아 문학 전통을 자신의 작품 안에서 보존하기 위해 애썼다. 특히 페테르부르크로 대표되는 러시아 제국과 혁명기의 러시아 문화에 대한 향수는 이들의 작품의 가장 중요한 주제가 되었다. 마치 그것은 러시아 정신의 박물관과 같았다. 소쿠로프의 영화 미학은 놀랍게도 러시아 정신의 기억과 보존, 세계 문화에 대한 향수라는 문화적 이상을 지향했던 러시아 모더니즘, 특히 그중에서도 아크메이즘의 문학 사상을 반복한다. 자신의 아버지의 시적 유산을 담고 있는 타르콥스키의 〈거울〉의 주제가 소쿠로프 영화 전반에서 공명하는 것도 이와 무관하지 않다.

소쿠로프의 영화는 다양한 공간을 배경으로 한다. 그런데도 그의 공간들 곳곳에는 러시아 제국의 수도 페테르부르크의 인상들이 깃들어 있다. 특히 페테르부르크의 중심에 서 있는 거대한 에르미타주 박물관은 그의 영화의 영감의 원천과도 같은 공간이다. 그곳은 〈러시아 방주〉의 실험적인 단일 숏을 통해 보여준 러시아 제국의 역사와 마지막 무도회의 배경이 될 뿐 아니라 그의 영상이 의도적으로 모방하고 있는 여러 서유럽 화가들의 작품을 보존하고 있다.

페테르부르크는 기념비들의 도시다. 네바 강 가에 세워진 표트르 대제의 기념비는 '표트르의 도시' 페테르부르크의 건설을 기념하는 단순한 조각상에 머물지 않는다. 그것은 푸시킨이 자신의 서사시 「청동 기마상」에서 찬양한 표트르 대제의 업적과 자연력에 대한 인간의 승리로서의 도시 건설을, 그것을 한순간에 파괴하는 대홍수의 재앙을, 심지어 창조자 표트르의 반(反)종교적 적그리스도의 형상을 주목했던 20세기 초반 러시아 상징주의 문학가들의 은밀한 비교(祕敎)적 탐구를 한꺼번에 표상한다. 심지어 그 청동의 기마상은 인간의 손으로 만들지 않은 신성한 기념비를 자신의 시에 바치겠다는 푸시킨의 선언을 상기시키며 러시아 문학사 전체를, 아니 문화 전체를 관류해온 정치권력과 문학권력 간의 은밀한 투쟁의 역사를 증거한다.

거기서 조금 더 발을 옮겨 모이카 운하 12번가에 위치한 박물관으로 단장된 푸시킨 생전의 집에 들르면 평생을 푸시킨의 삶을 소개하는 일을 해오신 할머니가 마지막 "알렉산드르 세르게예비치 푸시킨이 드디어 운명하셨습니다"라는 말을 내뱉으며 다시 한 번 흘리는 눈물을, 아마도 평생 앞으로도 하루에 몇 번씩 흘리게 될 그 놀랍도록 진정성 어린 눈물을 마주하게 된다. 『죄와 벌』의 허구적 주인공 라스콜리니코프의 소설 속 동선을 따라 센나야 광장 뒷골목으로 이어진 여정에 동참하다 보면 도스토옙스키 소설의 실제 주인공은 다름 아닌 당시의 화려한 도시 전경 뒤에 감추어진 무덥고 음습한 페테르부르크 그 자체라는 말에 저절로 고개가 끄덕여진다. 가장 서정적인 혁명 시인 알렉산드르 블록(Alexandr Blok)이 죽기 전 거주했던 아파트에 전시된 그의 마지막 얼굴을 보면서 혁명이라는 숭고한 신념을 끝까지 버리지 못했지만 동시에 혁명 이후의 현실에 환멸을 느끼지 않을 수 없었던 20세기 초반 귀족 지식인들의 비극적인 운명에 숙연해진다.

내가 걷는 거리가 곧 내가 읽는 역사 속의 시인들이 언젠가 거닐었던 바로 그 거리이고 그 가운데 위치한 건물들이 바로 그들이 살고 시를 썼던 그 장소라는 사실이 때로 나를 설레게 한다. 그 길을 가다가 이른 나이에 운명한 시인의 친구로서 여전히 그 친구의 기억을 지켜내며 왕성한 저술 활동을 하고 있는 노학자 선생님을 만나 근황을 묻고 담소를 나눌 수 있다는 것은 러시아 문학을 공부하는 나에게 이 도시가 허락한 은총이다.

페테르부르크는 기억의 도시다. 그것은 많은 역사적 기억을 보존하고 있는 하나의 거대한 박물관이다. 에르미타주뿐이 아니다. 그 외에도 작고 지엽적인 주제들로 모아진 군소 박물관이 무수히 많다. 페테르부르크 시내 어딘가에 서 있게 된다면 주위를 둘러보라. 분명 그리 멀지 않은 곳에 무엇인가를 모아둔 말도 안 되는 듯한 박물관 하나가 보일 것이다. 이러한 박물관은 관광객을 위한 것이 아니다. 오히려 그것은 기억하기를 좋아하는 페테르부르크 사람들의 몫으로 고스란히 남겨져 있다. 손자의 손을 이끌고 박물관을 방문해 연도를 하나하나 읊으며 사물들에 담긴 기억들을 풀어내는 할머니들을 만나는 것은 어려운 일이 아니다.

에르미타주의 복도를 따라 유럽으로부터 온 여행객 드 퀴스탱 후작과 함께 시간을 여행하며 러시아 역사를 상기시키는 〈러시아 방주〉의 감독의 목소리에서 지금도 페테르부르크의 박물관 곳곳에 자리를 지키고 앉아 우리를 이끌어주는 할머니들을, 작가의 생몰 연도와 작품의 발표 연도를 하나나 읊어가며 기억하는 선생님들을, 도서관 지하의 문서고에서 부스러질 것 같은 자료를 뒤지고 있는 노학자들의 모습을 느낄 때면 어색한 웃음을 짓게 된다. 영화는 러시아의 마지막 무도회의 떠들썩한 인파의 흐름을 빗겨나 박물관 외부를 흐르는 얼어붙은 네바 강의 암흑과 희미한 기억과도 같은 물안개를 응시하며 막을 내리지만, 그럼에도 〈러시아 방주〉의 온도는 박물관 내부만큼이나 따뜻하다.

5. 소쿠로프를 기다리며

시네마토그래프는 세계를 향한 다른 시선, 타자의 시선이다. 영화는 많은 시선
들로 이루어져 있고, 사실 세상에는 더 많은 시선이 존재하겠지만, 나는 아직
다른 어디서도 나의 것이 아닌 시선을 그렇게 날카롭게 지각해본 적이 없다.
나는 놀랍도록 푸른 풀잎과 검은 하늘을 보았다. 대지는 반 고흐의 들판에서보
다 더 풍부하고 선명했다. 이러한 효과가 소쿠로프가 즐겨 사용하는 특수한 필
터 때문이건 아니건 간에 그건 문제되지 않는다. 나는 그것을 알아채지 못했을
뿐 아니라 사실 알아채고 싶지도 않았다. 내가 본 것은 마치 모든 것을 가득 채
우고 있는 색채와 형태의 폭발 같았다. 소쿠로프는 그저 세계를 보여주는 것이
아니다. 그는 우리가 세계의 가장 깊은 본질로, 그 세계에의 예감 가운데로 파
고들게 한다. 나는 나 자신에게 소쿠로프의 세계를 열어 보여주었다. 이 형상
의 세계를, 영혼의 숨결에 의해 떨리는 세계를. 그 영혼은 적어도 나에게는 성
령이라 부를 수 있을 만큼 신성한 것이었다. 나는 또한 시선의 세계를 열었다.
더 정확히 말해 그것은 내가 응시하고 또 나를 응시하는 시선의 세계였다.

조르주 니바(Georges Nivat)

소쿠로프가 곧 페테르부르크로부터 한국을 찾는다. 서울극장으로 자리
를 옮긴 서울아트시네마에서 그의 회고전이 열린다. 영화제의 마지막 날에
는 감독과의 대담과 마스터클래스가 열릴 계획이다. 그날이 기다려진다.
사실 소쿠로프를 한국에 초청하기로 하고 그의 회고전에 즈음해 이 책을
준비하면서 비로소 그의 영화를 처음으로 '보았다'. 외장 하드 한 폴더에 처

박아 놓은 그의 영화를 어쩔 수 없이 다시 꺼내 보면서 그의 영화 속에 흐르는 다른 시간과 그 시간을 응시하는 카메라의 시선을 느낄 수 있었다.

영화는 본질적으로 상호 텍스트성의 장르다. 인물이 등장하지 않는 경우라 하더라도 영화의 화면 위에는 적어도 나와 카메라의 시선이 공존한다. 최소한 영화적 현재는 늘 과거의 시간과 교호한다. 이러한 시선의 겹침을 빠른 속도로 은폐하는 것이 아니라 천천히 드러나게 하는 소쿠로프의 영화는 그런 의미에서 응시에 관한 영화다. 나는 그의 작품에서 그가 보는 세계보다는 그러한 세계를 보는 그의 시선을 본다. 그와의 만남이 더 기다려질 수밖에.

무엇보다 그런 의미에서 우연히 모스크바에서 열린 한 국제영화제에서 소쿠로프의 옆자리에 앉는 행운을 누린 죄로 감독의 초청으로부터 영화제 그리고 이 책의 기획에 이르는 모든 과정을 함께해야 했던 경상대학교 홍상우 교수에게 고마움을 전한다. 늘 러시아 영화에 대한 애정으로 유럽 문화의 변방이라는 열등감에 사로잡힌 러시아 전공자들을 위로하시고 해마다 소중한 공간에서 러시아 영화를 상영할 수 있는 기회를 주시는 서울아트시네마의 김성욱 프로그래머에게도 감사와 지지를 보낸다.

무엇보다 이 책의 출판을 위해 귀한 글을 기꺼이 보내주신 필자들에게, 빠듯한 일정에도 이 책의 출간을 맡아준 도서출판 한울에 감사드린다.

마지막으로 곧 우리를 찾을 알렉산드르 니콜라예비치 소쿠로프 감독에게, 그의 영화를 언어라는 형식으로 이야기하는 것이 얼마나 보잘것없는 것인지를 잘 알고 있음에도, 감사와 존경의 마음을 담아 이 책을 바친다.

〈긴 여정의 엘레지〉

알렉산드르 소쿠로프: 폐허의 시간

01

영화,
또 하나의 삶 <small>알렉산드르 소쿠로프의 삶과 영화</small>

전미라

> 영화는 빛을 발하는 또 다른 삶이라는 영화에 대한 나의
> 낭만적 생각. 의사소통 수단으로서의 영화가 아닌, 또 다
> 른 삶으로서의 영화(알렉산드르 소쿠로프, 2011년 Cineaste에 실
> 린 인터뷰 중).

책의 마지막 장을 벅찬 감격으로 덮은 독자나 영화의 엔딩
장면의 여운을 간직한 채 극장을 나서는 관객이, 그 아름다운
세계를 창조한 예술가에게 관심을 기울이는 것은 지극히 당연
하다. 이토록 매혹적인 세계를 창조한 이는 어떤 사람일까?
그는 어떤 삶을 살아왔을까? 물론 예술가의 삶에 대한 지식이
그가 창조한 세계를 이해하는 유일한 방법은 아니며, 때로 그
둘은 서로 반목하기도 한다. 그러나 예술가의 삶에 대한 이해

는 우리로 하여금 작품 안에 감춰진 그의 삶의 조각들을 발견하게 하고, 나아가 우리를 작품 깊숙이 숨겨진 그의 삶의 흔적들로 이끈다. 즉, 예술가의 삶의 궤적을 추적하는 일은 단순한 신변잡기가 아니라, 그의 예술 세계를 향해 가는 노정에서 통과 제의와 같다.

이러한 맥락에서 알렉산드르 소쿠로프 감독의 삶과 그의 영화를 연결해주는 고리를 찾고자 한 이 글이, 그의 영화 세계에 대한 이해를 담고자 한 이 책의 맨 앞에 위치하는 것은 충분히 납득할 만하다. 이 글에서 필자는 알렉산드르 소쿠로프가 과연 누구인지, 그는 어떤 삶을 살아왔는지에 대한 답을 모색하고자 한다. 한정된 지면에서 온전한 해답을 찾는 일은 쉽지 않을 것이다. 그러나 그가 남긴 삶의 발자취를 따라가며 인간 소쿠로프를 통해 감독 소쿠로프를 알아가는 과정은 분명히 의미가 있다. 특히 감독이 되기 전의 소쿠로프가 영화감독 소쿠로프에게 남긴 흔적을 따라가면서, 그의 삶과 영화가 겹쳐지며 만들어낸 예술 창조의 지점에 주목하고자 한다. 그것은 또한 그의 영화가 인간의 삶이라는 보편의 영역과 만나는 지점으로, 이는 영화를 "또 하나의 삶"이라고 부르는 소쿠로프의 영화에 대한 신념과 공명한다.

전기적 스케치

소쿠로프는 1951년 6월 14일, 이르쿠츠크 주(州) 포도르비카(Podorvikha)에서 태어났다. 소쿠로프의 아버지는 제2차 세계대전에 참전한 군인으로, 아버지의 직업 때문에 소쿠로프는 어린 시절 자주 이사를 다녀야 했다. 그가 처음 학교에 입학한 곳은 폴란드이지만, 학업을 마친 곳은 폴란드가 아닌 투르크메니스탄인 것도 그 때문이다.

1968년 고등학교를 졸업하고, 어머니의 고향인 고리키 시(볼가 강 유역에 위치한 도시로 지금의 니즈니노브고로드)에 위치한 고리키 대학 역사학부에 입학했다. 그는 대학 생활과 동시에 고리키 방송국(지금의 니즈니노브고로드 방송국)에서 스태프로 일하기 시작했다. 그가 처음 맡은 업무는 프로듀서의 기술 보조였지만, 점차 경력이 쌓이자 조연출 자리에까지 오른다. 방송국에서 일하면서 얻은 방송·영화 연출 경험과 노하우가 이후 영화감독으로 이름을 알리는 데 큰 역할을 했다. 나이 열아홉이 되던 해에 프로듀서로서 텔레비전 쇼를 처음 연출한 데 이어, 이후 6년 동안 고리키 방송국에서 다수의 영화와 텔레비전 쇼를 연출했다.

소쿠로프는 1974년 고리키 대학을 졸업하고, 이듬해에 러시아 국립 영화대학(VGIK, The State Institute of Cinematography)에 입학해 본격적으로 영화 연출을 배우기 시작한다. 입학 당시 그는 우수 학생으로 선발되어 에이젠슈타인 장학금을 받을 정도로 촉망받았지만, 졸업 무렵에는 학교를 비롯해 소련국립영화위원회 고스키노(Goskino)와 졸업 문제를 놓고 갈등을 겪어야 했다.

〈인간의 외로운 목소리〉

소쿠로프가 졸업 작품이자 자신의 데뷔작으로 내놓은 것은 러시아의 작가 안드레이 플라토노프(Andrei Platonov)의 소설 『포투단 강(Река Потудань)』을 원작으로 한 영화 〈인간의 외로운 목소리(Одинокий голос человека)〉였다. 하지만 학교와 고스키노는 이 영화를 졸업 작품으로 인정하지 않았을 뿐만 아니라 폐기하라고 명령했고 소쿠로프는 명령을 받아들이지 않았다.

학교와 고스키노에서 작품을 거부당한 소쿠로프는 영화를 상영할 방법을 찾기 위해 영화사를 직접 찾아다녔다. 1979년에는 렌필름(Lenfilm)을 방문해, 영화 상영을 부탁하기도 했다. 이 작품은 우여곡절 끝에 1980년대에 이르러서야 대중에게 선보일 수 있었다.

비록 학교와 고스키노는 소쿠로프의 작품을 인정하지 않았지만, 일찍이 그의 재능을 알아본 이가 있었다. 바로 안드레이 타르콥스키(Andrei Tarkovsky)다. 그는 소쿠로프의 〈인간의 외로운 목소리〉를 높이 평가했다. 당시 타르콥스키의 작품은 예술적인 완성도 측면에서 높은 평가를 받고 있었으며, 그는 이미 영화감독으로서의 역량을 인정받은 상태였다. 그는 소쿠로프의 영화를 본 후 미래가 기대되는 새로운 영화감독의 탄생을 기뻐했다. 그 이후 타르콥스키는 소쿠로프가 영화감독으로 자리를 잡는 데 지원을 아끼지 않았다. 소쿠로프는 그의 지

〈인간의 외로운 목소리〉

원을 받으며 영화감독으로서 새로운 인생을 시작한다. 이때부터 시작된 타르콥스키와 소쿠로프의 우정은 타르콥스키가 러시아를 떠나 해외에서 작품 활동을 할 때까지 이어졌고, 타르콥스키가 세상을 떠나자 소쿠로프는 그를 추모하며 다큐멘터리 〈모스크바 엘레지(Московская элегия)〉를 헌정했다.

1980년 타르콥스키의 추천으로 소쿠로프는 렌필름에서 일자리를 얻을 수 있었다. 렌필름에서 일을 시작한 그는 본격적으로 영화 연출에 몰두하기 시작했으며, 극영화뿐만 아니라 다양한 다큐멘터리 작품도 연출했다. 〈마리야(Мария)〉, 〈히틀러를 위한 소나타(Соната для Гитлера)〉, 〈비올라를 위한 소나타: 드미트리 쇼스타코비치(Альтовая соната. Дмитрий Шостакович)〉, 〈그리고 아무도 없었다(И ничего больше)〉, 〈밤의 희생(Жертва вечерняя)〉, 〈인내, 노동(Терпение. Труд)〉과 같은 다큐멘터리가 이 시기에 그가 연출한 작품이다.

1987년에 만든 〈슬픈 무감(Скорбное бесчувствие)〉은 영화감독으로서 소쿠로프의 가능성과 역량을 보여준 작품이다. 이는 조지 버나드 쇼(George Bernard Shaw)의 「하트브레이크 하우스(Heartbreak House)」를 각색한 것으로, 그의 영화 미학을 이해하는 데 단초가 되는 작품이다. 예상하지 못한 몽타주, 음향의 조정, 연대기적 장면의 병치, 서로 다른 시대가 담긴 장면의 교차 등 소쿠로프의 여러 특징을 이 작품에서 이미 확인할 수 있다. 이 작품은 또한 체제 전복적이고 안티부르주아적인 원작의 메시지를 새롭게 담아냈을 뿐만 아니라, 서양 사회의 상징들에 대한 역사적·문화적 해석을 더한 풍자를 통해 모더니티의 위기를 표현했다는 평가를 받았다.

이듬해에 발표한 〈일식의 나날들(Дни затмения)〉은 소쿠로프 특유의 영화적 비전을 보여준 첫 번째 작품이다. 이 작품 역시 문학 작품을 각색한 것으로, 스트루가츠키(Strugatskii) 형제의 공상과학 소설 『세상이 끝날 때까지 아직 10억 년(За миллиард

〈슬픈 무감〉의 스케치

лет до конца света)』을 원작으로 하고 있다. 많은 비평가들은 이 영화에서 보이는 불분명한 공간 묘사와 텅 빈 풍경, 이에 대비되는 주인공의 클로즈업 숏은 그가 처한 위험과 아포칼립스적 현실을 형상화한 것이라고 지적한다.

1980~1990년대에 소쿠로프가 연출한 극영화로는 〈슬픈 무감〉, 〈일식의 나날들〉 외에 〈암피르(Ампир)〉, 〈구하라, 지켜라(Спаси и сохрани)〉, 〈세컨드 서클(Круг второй)〉, 〈돌(Камень)〉 등이 있다. 그는 극영화를 제작하면서 꾸준히 다큐멘터리도 연출해, 1980년대 말에는 몇 편의 초기 다큐멘터리가 공개되어 세계의 여러 영화제에서 상영되기도 했다.

독특한 연출력이 돋보이는 독창적인 러시아 영화감독으로 그의 이름이 알려지기 시작한 것은 1990년대에 접어들면서부터다. 1995년에는 유럽영화아카데미(European Film Academy)가 선정한 세계의 영화감독 100인에 이름을 올리기도 했다. 특히 소쿠로프의 이름을 전 세계에 알리는 데 크게 기여한 영화는 〈어머니와 아들(Мать и сын)〉이다. 이 영화는 모자간의 애정을 다루면서 죽음과 몸의 문제를 성찰해, 1997년 제47회 베를린 국제영화제에서 심사위원 특별상을 수상했다.

소쿠로프는 〈어머니와 아들〉 이후 역사상에 길이 남을 권력자 아돌프 히틀러와 블라디미르 레닌을 다룬 영화 〈몰로흐(Молох)〉와 〈토러스(Телец)〉를 연출했다. 그는 영화를 발표하기 전에 20세기의 권력자에 대한 네 편의 영화를 연출하겠다

〈어머니와 아들〉

고 밝힌 바 있는데, 〈몰로흐〉와 〈토러스〉가 바로 여기에 포함된다. 특히 〈몰로흐〉는 히틀러가 자신의 연인 에바 브라운과 바이에른 지역의 알프스 산맥 별장에서 하루를 보내는 모습을 그린 작품으로 제52회 칸영화제에서 극본상을 수상했다. 〈토러스〉 이후 2004년에 연출한 〈The Sun(Солнце)〉은 소쿠로프의 권력자 4부작 중 세 번째 작품으로, 일본을 지배한 히로히토를 다루고 있다.

2002년에 연출한 〈러시아 방주(Русский ковчег)〉는 내용보다 형식적인 측면에서 더 큰 주목을 받았는데, 이는 이 영화가 기존의 몽타주 이론을 뛰어넘어 하나의 숏으로 영화를 완성했기 때문이다. 이전에도 롱테이크로 영화를 만들려는 시도는 존재해왔지만, 1시간이 넘는 동안 하나의 숏으로 영화를 만든 것은 소쿠로프가 처음이다. HD 카메라와 스테디캠을 사용했으며, 철저한 리허설을 통해 하나의 숏으로 된 러닝 타임 90분의 영화를 만들어냈다.

2002년의 〈러시아 방주〉 이후 그가 연출한 〈알렉산드라(Александра)〉는 5년 만에 내놓는 신작이라는 이유로 관객과 평단의 기대를 한 몸에 받았다. 이 작품은 체첸 공화국의 군부대에서 근무하고 있는 손자를 보기 위해 길을 떠나는 러시아 할머니에 관한 이야기로 2007년 칸영화제 경쟁 부분에 초청되었다.

소쿠로프의 최근작은 2011년에 연출한 〈파우스트(Фауст)〉다. 제목에서도 알 수 있듯이 괴테(Johann Wolfgang von Goethe)

제68회 베니스 국제영화제
에서 황금사자상을 수상한
알렉산드르 소쿠로프 감독
소쿠로프 소장

의 『파우스트』와 토마스 만(Thomas Mann)의 『파우스트 박사』
를 각색한 작품이다. 앞에서 언급한 20세기 권력자 4부작 중
마지막 작품이다. 이 4부작 중 세 편은 모두 실존 인물이 등장
하는 반면, 〈파우스트〉에는 권력에 심취한 보편적인 인간이
등장한다. 이 작품은 제68회 베니스 국제영화제에서 황금사
자상을 수상하며, 그의 명성을 다시 한 번 확인시키는 계기가
되었다.

소쿠로프는 영화감독으로서 작품 활동에 활발히 매진하는
동시에 청소년과 영화감독을 꿈꾸는 학생들을 위해 다양한 활
동에도 참여했다. 청소년을 위한 공익 라디오 프로그램에 출연
했으며, 렌필름 스튜디오에서 영화감독을 꿈꾸는 젊은이들에
게 영화 연출에 관해 가르쳤다. 또한 1988년부터 1990년까지

현대 문화 중 영화 분야에서 논의되는 여러 논쟁거리를 다룬 〈소쿠로프의 섬(Sokurov's Island)〉이라는 텔레비전 쇼를 연출해 문화계와 영화계의 여러 문제를 공론화하는 데 기여했다. '소쿠로프의 섬'은 현재 그의 공식 홈페이지 명칭이기도 하다.

극영화 감독으로 입지를 다진 후에도 다큐멘터리에 대한 소쿠로프의 관심은 꾸준히 이어졌다. 2000년대에도 〈긴 여정의 엘레지(Элегия дороги)〉, 〈상트페테르부르크 일기: 모차르트. 레퀴엠(Петербургский дневник: Моцарт. Реквием)〉, 〈생의 엘레지(Элегия жизни)〉, 〈레닌그라드 봉쇄의 기록을 읽다(Читаем блокадную книгу)〉, 〈인토네이션(Интонация)〉 등과 같은 다큐멘터리를 연출했다.

현재 소쿠로프는 렌필름 시절부터 함께해온 그의 동료들과 비상업영화 및 다큐멘터리 제작을 위한 영화 스튜디오 베르크(Bereg)를 설립해 활동하고 있다. 또한 2013년부터는 '페테르부르크 시네마테크 프로젝트(Проект Петербургская синематека)'에 참여해 러시아의 영화 산업 발전에도 이바지하고 있다.

영화감독 이전의 소쿠로프

여기까지가 대략적으로 대중에게 알려진 영화감독으로서의 소쿠로프의 삶이다. 그러나 이것만으로 그의 영화 미학을 이해하기에는 그 행간이 너무 넓다. 따라서 그의 언론 인터뷰를 통해 그 행간을 좀 더 좁혀보고자 한다.

1997년 ≪필름 코멘트(Film Comment)≫와의 인터뷰에서 어

알렉산드르 소쿠로프 감독 소쿠로프 소장

린 시절 이야기를 들려달라는 질문자의 요청에, 그는 '문학'과 '라디오 드라마'가 그 시절 열정의 대상이었다고 말했다. 특히 소쿠로프는 라디오 드라마 중에 배우들의 열연과 작품성이 돋보이는 방송을 들으면서, 그것을 시각화하고 자신만의 상상의 세계를 만들어내며 시간을 보냈다고 말했다(Schrader, 1997: 20). 그는 자신의 가족 중에는 예술 분야에 종사하는 사람이 없기도 했을뿐더러 시베리아의 작은 시골 마을에서 성장했기 때문에 영화감독이 되리라고는 꿈에도 생각하지 못했다고 덧붙였다.

소쿠로프는 유년 시절에 라디오 드라마와 더불어 문학에 심취해 있었다. 매주 도서관을 방문해 다양한 문학 작품을 탐독했다고 한다. 한 언론 인터뷰에서 "당신에게 가장 큰 영향을 미친 예술 사조가 무엇인가?"라는 질문을 받자 "19세기 러시아와 유럽의 문학"이라고 답하면서, 귀스타브 플로베르(Gustave Flaubert), 찰스 디킨스(Charles Dickens), 안톤 체호프(Anton Chekhov), 표도르 도스토옙스키(Fyodor Dostoyevsky), 레프 톨스토이(Lev Tolstoy)와 같은 작가를 언급했다(Galetski, 2001: 6). 그가 문학에서 많은 영향을 받았다는 사실은 그의 작품 목록에도 명백히 드러나 있다. 그의 처녀작 〈인간의 외로운 목소리〉를 비롯해 〈슬픈 무감〉, 〈일식의 나날들〉, 〈파우스트〉는 모두 문학 작품을 원작으로 한다. 특히 〈돌〉은 19세기에 활동한 러시아의 작가 체호프를 주인공으로 한 영화다.

소쿠로프는 문학에 이어 자신에게 영향을 끼친 예술 사조로 19세기의 클래식 음악과 러시아 및 유럽의 교향악(symphony), 동시대의 러시아 회화를 손꼽았다. 어린 시절 또래 친구들은 비틀스의 음악에 심취해 있던 반면, 소쿠로프는 비틀스를 전혀 알지 못했다고 한다. 그는 비틀스보다 오히려 영국의 작곡가 벤저민 브리튼(Benjamin Britten)이 자신에게 훨씬 중요했다고 덧붙이면서, 현대적인 보컬 음악보다는 클래식 음악에 더 흥미를 느낀다고 대답했다(Galetski, 2001: 6).

19세기 러시아 회화의 경우, 바실리 트로피닌(Vasily Tropinin)처럼 리얼리즘 회화를 대표하는 이동파 화가들(peredvizhnik)과

알렉산드르 소쿠로프 감독 소쿠로프 소장

미하일 브루벨(Mikhail Vrubel)을 언급했다. 소쿠로프는 러시아 리얼리즘 회화가 "통일감이 느껴지면서도, 부드럽게 심오한 예술적 원리를 재현하"고 있다고 여겼다. 물론 그는 19세기 리얼리즘 회화뿐만 아니라 그에 앞선 렘브란트(Rembrandt), 독일의 낭만주의를 대표하는 카스파르 프리드리히(Caspar Friedrich)를 비롯한 낭만주의 회화에도 많은 영향을 받았다(Galetski, 2001: 6). ≪필름 코멘트≫뿐만 아니라 다른 언론과의 인터뷰에서도 영화보다는 회화, 교향악이 그의 영화와 영상에 더 많은 영향을 준다고 밝혔다(Szaniawski, 2006: 14).

비록 영화감독을 꿈꾸지는 않았지만, 어린 시절에 문학·회화·음악과 같은 예술 장르와 가까이한 경험은 영화감독으로서 소쿠로프의 미학 세계를 구축하는 데 지대한 영향을 미친다. 어린 시절부터 문학, 라디오 드라마 등 이미지가 아닌 것을 시각화하고 그 이미지를 엮어 서사를 만들어내는, 자신만의 해석과 상상으로 새로운 이미지 세계를 창조하는 과정은 영화를 연출할 때 프레임을 구성하고 콘티를 짜는 등 감독이 하는 일과 매우 유사하다. 그것은 구상화되지 않은 것을 시각화해 새로운 이미지의 세계를 만드는 작업과 다르지 않다. 소쿠로프만큼 새로운 이미지를 만들어내기 위해 다양한 예술적 실험을 시도한 감독을 찾는 것은 쉽지 않다. 예컨대 〈위베르 로베르, 행복한 인생(Робер, Счастливая жизнь)〉의 박물관 내벽 위로 너울거리는 수증기의 음영, 〈속삭이는 페이지(Тихие страницы)〉와 〈어머니와 아들〉에서 만나게 되는 정확한 윤곽선을 가늠할 수 없는 인물상, 〈몰로흐〉의 회색빛 대기 속 무중력 상태로 떠 있는 요새의 이미지 등은 바로 소쿠로프가 시도한 예술적 실험의 결과다(이나라, 2012: 109).

문학·회화·음악 등 다른 예술에 대한 관심이 소쿠로프 영화의 형식적 측면에 흔적을 남겼다면 그의 영화 깊숙한 곳에서 영화 미학 전체에 녹아든 것이 있는데, 그것은 바로 인문학이며 그중에서도 '역사'다.

2001년 ≪시네아스트(Cineaste)≫와의 인터뷰에서 소쿠로프는 "영화감독이 되기 위해서는 역사를 비롯한 철학, 문헌학 등 인문학을 필수적으로 배워야 한다"라고 말했다(Galetski, 2001: 6). 그의 이력을 살펴본 사람이라면 알겠지만, 소쿠로프는 러시아 국립 영화대학에 입학해 본격적으로 영화 연출을 배우기 전에 고리키 대학에서 역사를 전공했다.

소쿠로프에게 영화감독을 포함한 모든 예술 장르의 작가는 스스로 타인과 구별되는 독창적인 세계를 창조해야 하는 존재다. 새로운 세계를 창조하기 위해 작가는 인간의 의식과 내면세계에 주목한다. 그 과정에서 인문학적 소양이 요구되는 것은 당연하다. 소쿠로프의 경우 '역사'가 그의 미학 세계를 뒷받침하는 예술적 자양분이 되었다.

역사학도인 소쿠로프에 관한 이야기는 잘 알려지지 않았지만, 소쿠로프의 영화와 역사와의 관계는 그의 영화를 몇 편이라도 본 관객이라면 그리 어렵지 않게 알아차릴 수 있다. 그의 작품 목록에는 히틀러, 레닌, 히로히토 등과 같은 역사적 실존 인물을 다룬 〈몰로흐〉, 〈토러스〉, 〈The Sun〉 등의 작품이 포함되어 있다.

〈러시아 방주〉 역시 역사와 매우 밀접한 주제를 다룬다. 〈러시아 방주〉는 19세기에 상트페테르부르크의 에르미타주(Hermitage) 박물관을 돌아보는 프랑스의 외교관 드 퀴스탱(Marquis de Custine)의 여정을 그린 작품이다. 19세기 러시아를 배경으로 역사적 실존 인물인 드 퀴스탱이 등장한다는 점뿐만

〈몰로흐〉

아니라, 300년간의 러시아 역사를 그대로 축소한 에르미타주를 주된 영화적 공간으로 설정했다는 사실에 주목할 필요가 있다. 박물관은 역사가 응축된 공간이다. 박물관에 전시된 회화, 조각품 등은 그것이 탄생한 시간을 표상하며, 그것들이 모두 모인 박물관은 인류의 시간 즉 역사가 시각적으로 형상화된 공간이다.

하지만 이러한 역사에 대한 감각이 소쿠로프 영화의 주제적인 측면에만 영향을 준 것은 아니다. 그가 '시간'을 다루는 방법 역시 역사의 영향력을 가시화하고 있다. 역사란 과연 무엇인가? 그것은 곧 인류가 살아온 시간의 집합이다. 역사에는 한 인간의·민족의·제국의 흥망성쇠가 모두 포함되어 있으며,

이러한 소(小)시간이 모여 역사라는 대(大)시간을 만들어낸다. 사실 거시적인 관점에서 소시간과 대시간의 차이는 미미하다. 복수의 소시간이 반복되어 대시간을 구성하고, 대시간 역시 역사라는 대시간을 구성하는 소시간으로서 역할을 한다. 역사는 이러한 반복 중에 탄생한다. 따라서 역사적 감각을 담지(擔持)한 시간을 파악하는 데 중요한 것이 '흐름'이다. 역사라는 거대한 강줄기를 따라 흘러가는 시간을 그대로 담아내는 것, 즉 일종의 시간의 'if'를 창조하는 것은 곧 소쿠로프의 영화 미학이 지향하는 궁극의 과업이다. 롱테이크를 선호하다 못해 하나의 숏으로 90분짜리 영화를 만든 소쿠로프가 아니던가! 소쿠로프의 영화에서 시간을 다루는 방식을 읽어내는 것, 시간 그 자체를 영화 안에 담아내려는 그의 필사적인 시도를 이해하는 것은 그의 영화 미학의 본질에 가까이 다가가게 한다. 그가 "영화를 또 하나의 삶"이라고 말할 수 있었던 것은 바로 시간에 대한 그의 진지한 성찰이 있었기 때문이다.

영화, 또 하나의 삶

소쿠로프는 "감독들이 자신의 의지에 따라 몽타주를 하면서 장면을 자르고 연결해 시간을 조립하지만, 자신은 시간을 자르지 않고 시간의 흐름 자체를 포착하기를 원했다"라고 밝혔다(Сокуров, 2003: 12). 이러한 그의 의도는, 감독이 배우에게 어떻게 연출 방향을 지시해야 하는지를 이야기하는 대목에서 명확히 드러난다.

감독으로서 배우에게 디렉션을 지시할 때, 혹시라도 공백이 생기는 것을 저는 원하지 않습니다. 배우는 특정한 방식으로 매우 정확하게 움직여야 합니다. 가령 정해진 높이에서 정해진 방식으로 팔을 내려야 하는 것처럼 말이죠. 제가 이러한 그의 정확한 움직임 가운데 구체화되는 그의 존재를 느끼는 것은 더할 나위 없이 중요합니다. 이것은 매우 구체적인 인간의 경험입니다. 그리고 바로 이것이야말로 제가 완전히 재현하고자 하는 것이기도 합니다. 몸짓, 옷, 그의 셔츠에 밴 냄새, 그의 웃음, 취향, 직관, 열정, 내적 욕망, 철학 등 모든 것이 재현의 대상입니다. 당신도 이와 같은 방식으로 해야 합니다(Jeremi, 2006: 20).

배우가 표현해야 하는 동시에 감독이 카메라에 담아야 하는 것은 배우의 몸짓, 그가 입은 옷, 그 옷에 밴 냄새, 그의 내면세계, 그리고 이 모든 것을 포함하는 전체다. 이것을 영화에 표현하는 데 가장 효과적인 것은 그가 처한 시간 자체를 담는 것이다. 그 어떤 몽타주도 그것을 표현하기에는 적합하지 않다. 소쿠로프 영화의 특징으로 꼽히는 롱테이크와 느린 카메라의 움직임은 카메라 프레임 안에 시간을 온전히 담기 위한 감독의 선택이었다. 이때 이미지를 재단하기보다 그 자체를 그대로 스크린에 옮기려 했던 소쿠로프의 미학적 원칙은 어쩌면 영화의 시원(始原)에 가장 가까이 맞닿아 있다.

널리 알려져 있듯이 최초의 영화는 프랑스의 뤼미에르 (Lumiére) 형제의 손끝에서 탄생했다. 그전에 사진사 에드워드 머이브리지(Eadweard Muybridge)가 열두 개의 카메라로 움직이는 피사체를 담은 '주프락시스코프(Zoopraxiscope)'가 존재했지만, 뤼미에르 형제가 발명한 영화 촬영기 겸 영사기 '시네마토그래프(Cinematographe)'로 촬영한 영상이 대중에게 공개된 것을 감안하면 뤼미에르 형제의 시네마토그래프를 영화의 시작으로 보는 것이 더 적합하다.

뤼미에르 형제가 시네마토그래프를 이용해 촬영한 첫 번째 영상은 1895년 프랑스의 한 지방 도시에 위치한 공장의 노동자들이 퇴근하는 모습, 즉 일상의 한 부분이었다. 현재의 관점에서 보면 특별한 것 없는 지극히 일상적인 모습에 불과하지만, 그 당시 대중은 화면 속에 담긴 인간의 움직임에 빠져들었다. 그 시절 대중에게 영화는 '움직임'을, 즉 정지된 장면이 아닌 '시간'을 담아낸다는 것만으로도 열광의 대상이 되기에 충분했다. 영화의 서사적 완결성, 미장센, 몽타주도 중요하지만, 영화는 인간의 움직임을 내적인 감각이 아닌 외재적 시선을 통해 담아낸 결과물이라는 사실만으로도 충분히 가치가 있다. 영화적 재현의 대상이 된다는 것은 이미 그 대상이 감독의 예술적 판단을 거쳤다는 것을 의미한다. 숏의 수와 구성 방법 같은 문제는 모두 그러한 대상을 표현하는 방법에 관련된 것이다.

이러한 측면에서 소쿠로프의 작품 목록에 극영화 못지않

게 많은 수의 다큐멘터리가 포함되어 있다는 것은 결코 우연이 아니다. 픽션(fiction)과 논픽션(nonfiction)을 모두 아우르는 감독은 흔치 않다. 앞에서 언급했듯이 소쿠로프는 극영화 감독으로 이름을 알린 뒤에도 다큐멘터리 연출을 멈추지 않았다. 극영화를 17편 연출하는 동안 다큐멘터리는 총 31편 연출했다. 픽션과 논픽션의 경계를 넘나드는 영화 연출은 사실 소쿠로프 영화가 보여주는 고유의 특징이기도 하다. 소쿠로프에게 픽션과 논픽션은 동일선상에 존재한다. 단지 그것을 구성하는 '원자'의 성격이 다를 뿐이다. 그는 '픽션과 논픽션'의 차이를 묻는 질문에 다음과 같이 대답한다.

> 저는 그것을 다르게 다루지 않습니다. 제가 보기에 픽션과 다큐멘터리의 차이는 오직 예술가가 이미지를 창조하기 위해 사용한 도구가 다르다는 점입니다. 가령 집을 짓는다고 생각해봅시다. 픽션에서 감독은 (집을 지을 때) 실제 건물에 사용되는 큰 벽돌과 돌을 사용합니다. 다큐멘터리에는 대체로 좀 더 부서지기 쉬운, 투명한 유리로 만든 구조의 집이 등장합니다 (Schrader, 1997: 22).

요컨대 소쿠로프에게 픽션과 논픽션의 차이는 이미지를 창조하는 데 상이한 도구를 사용한다는 점이다. 그 외의 것을 기준으로 픽션과 논픽션을 구분하는 일은 무의미하다. 소쿠로프가 픽션과 논픽션의 경계를 지울 수 있었던 까닭은, 시간을 자르지 않고 그대로 영화에 담으려고 한 소쿠로프의 철학 때문일 것이다.

소쿠로프의 영화를 보고 난 뒤 줄거리를 말하려고 하면 당황스러울 때가 종종 있다. 이렇다 할 사건이 없어 줄거리를 요약하기 어려울 뿐만 아니라, 요약된 줄거리는 그의 영화를 반도 담아내지 못하기 때문이다. 소쿠로프의 영화를 하나의 줄거리로 요약할 수 없는 이유는 그의 영화가 '시간의 흐름'을 시간 그 자체로 담아내고 있기 때문이다. 일반적인 영화의 경우 어떤 사건이 영화의 서사를 추동하는 힘으로 작용한다. 이때 그 영화는 시간의 흐름보다는 시작과 끝이 정해진 시간의 '정지된 단면'을 그린 것이다. 그것은 사건을 중심으로 시간을 오려 붙여 만든 모자이크에 비유할 수 있다. 흐르는 시간 그 자체를 포착하는 것이 중요했던 소쿠로프의 영화에서 사건은 큰 의미를 지니지 않는다. 오히려 사건이 일어나기 전 혹은 사건이 일어난 후, 그 사건의 자장 가운데 흐르는 시간 그 자체가 중요하다.

사실 실제 인간의 삶을 떠올려 보면, 한 인간의 인생을 뒤흔들 만한 극적인 사건이 일어나는 경우는 매우 드물다. 오히려 인생에서 변화를 만들어내는 것은 축적된 시간이다. 어제와 오늘, 그가 보낸 하루하루의 시간이 쌓여 긴 시간의 흐름을 만들어내고, 그 시간 전체에 내일의 변화를 만들어내는 힘이 내재한다. 체호프의 소설을 떠올려 보자.1 그의 작품에 굵직한 사건이나 문제, 갈등은 존재하지 않는다. 그는 별 것 아닌 일상의 사건과 가벼운 에피소드를 다루지만, 오히려 이것이야말로 복잡다단한 인간의 삶을 더 잘 드러낸다. 블라디미르 나보코프(Vladimir Nabokov)가 체호프 소설의 특징에 대해 이야기하면서 "체호프의 이야기는 인간이 살아가는 한 종결되지 않으며, 그들의 문제 혹은 희망과 꿈에 대해 명확한 결론을 내리는 것은 불가능하다"라고 지적하는 것은 바로 이 때문일 것이다(Nabokov, 2002: 162).

종결된 인간의 삶을 그리기보다 삶의 과정 그 자체를 표현하고자 했던 체호프의 작품처럼, 소쿠로프의 영화 또한 '지속'으로서의 삶의 이미지에 주목한다. 그는 픽션과 논픽션의 경계에 구애받지 않고 이미지의 분절보다는 연속성에 초점을 맞춰 프레임을 구성했으며, 사건이 아닌 시간의 흐름을 담아내고자 했다. 소쿠로프의 영화는 예술적 형식보다는 프레임 안의 재현 대상, 카메라의 시선이 머무는 곳, 즉 인간 그 자체를 향한다. 이러한 측면에서 소쿠로프에게 '영화는 또 하나의 삶'이 분명하며, 그에게 영화란 '영화'라는 형식을 빌린 '인간의 삶'과 다르지 않다.

1 소쿠로프는 톨스토이, 도스토옙스키 등 19세기 러시아와 유럽의 작가에게 영향을 받았다고 말한다. 특히 체호프를 "이정표"라고 표현할 만큼 자신의 영화에 많은 영향을 미쳤다고 밝혔다. 소쿠로프의 작품 가운데 <돌>은 체호프를 주인공으로 한 영화로, 얄타에 있는 체호프 박물관을 방문한 체호프의 이야기를 다룬 작품이다(Schrader, 1997: 22).

알렉산드르 소쿠로프 감독의 작품 목록

제목	제작 연도

영화

	제목	제작 연도
1	인간의 외로운 목소리(Одинокий голос человека)	1978~1987
2	좌천된 자(Разжалованный)	1980
3	슬픈 무감(Скорбное бесчувствие)	1983~1987
4	암피르(Ампир)	1986
5	일식의 나날들(Дни затмения)	1988
6	구하라, 지켜라(Спаси и сохрани)	1989
7	세컨드 서클(Круг второй)	1990
8	돌(Камень)	1992
9	속삭이는 페이지(Тихие страницы)	1993
10	어머니와 아들(Мать и сын)	1996
11	몰로흐(Молох)	1999
12	토러스(Телец)	2000
13	러시아 방주(Русский ковчег)	2002
14	아버지와 아들(Отец и сын)	2003
15	The Sun(Солнце)	2004
16	알렉산드라(Александра)	2007
17	파우스트(Фауст)	2011

다큐멘터리

	제목	제작 연도
1	마리야(Мария)	1978~1988
2	히틀러를 위한 소나타(Соната для Гитлера)	1979~1989
3	비올라 소나타: 드미트리 쇼스타코비치(Альтовая соната. Дмитрий Шостакович)	1981
4	그리고 아무것도 없었다(И ничего больше)	1982~1987
5	밤의 희생(Жертва вечерняя)	1984~1987
6	인내, 노동(Терпение. Труд.)	1985~1987

7	엘레지(Элегия)	1986
8	모스크바 엘레지(Московская элегия)	1986~1988
9	소비에트 엘레지(Советская элегия)	1989
10	페테르부르크 엘레지(Петербургская элегия)	1990
11	레닌그라드 영상 뉴스. No. 5. 특별호: 남카프카스 사건에 부쳐(К событиям в Закавказье Ленинградская кинохроника № 5. Спецвыпуск)	1990
12	단순한 엘레지(Простая элегия)	1990
13	레닌그라드를 회상하며(1957~1990)(Ленинградская ретроспектива, 1957~1990)	1990
14	인토네이션의 예(Пример интонации)	1991
15	러시아 엘레지(Элегия из России)	1992
16	군인의 꿈(Солдатский сон)	1995
17	영혼의 목소리(Духовные голоса)	1995
18	오리엔탈 엘레지(Восточная элегия)	1996
19	위베르 로베르, 행복한 인생(Робер. Счастливая жизнь)	1996
20	겸허한 삶(Смиренная жизнь)	1997
21	상트페테르부르크 일기: 도스토옙스키 기념비 제막식(Петербургский дневник. Открытие памятника Достоевскому)	1997
22	상트페테르부르크 일기: 코진체프의 아파트(Петербургский дневник. Квартира Козинцева)	1998
23	고백(Повинность)	1998
24	솔제니친과의 대화(Беседы с Солженицыным)	1998
25	돌체(Dolce)	1999
26	긴 여정의 엘레지(Элегия дороги)	2001
27	상트페테르부르크 일기: 모차르트. 레퀴엠(Петербургский дневник. Моцарт. Реквием)	2005
28	생의 엘레지(Элегия жизни)	2006
29	레닌그라드 봉쇄의 기록을 읽다(Читаем блокадную книгу)	2009
30	인토네이션(Интонация)	2009
31	프랑코포니아: 독일 점령하의 루브르(Франкофония. Лувр под немецкой оккупацией)	2014

자료: http://sokurov.spb.ru/

O2
극영화와 다큐멘터리 영화의
경계에서 〈히틀러를 위한 소나타〉와 〈암피르〉를 중심으로

정미숙

* 페레스트로이카 이후 정치적 상황이 변하자 제5회 소비에트 영화인 연합 대회를 시작으로 소쿠로프 작품들의 스크린 상영이 대부분 허가되었고, TV로도 방영되었다. <인간의 외로운 목소리>, <슬픈 무감>, <밤의 희생>, <엘레지>는 모스크바 국제 영화제와 로카르노 영화제 등에서 상을 받았다. 그는 1990년대 중반 이후부터 스위스와 이탈리아, 독일, 네덜란드에서 열리는 학술 심포지엄에 활발히 참여하고 있으며, 세계적으로 주목받는 감독이 되었다. 이 글의 일부와 주의 내용은 필자의 『영화 속 인문학 여행』을 일부 차용했으며, 인용 각주는 대체로 생략한다.

〈히틀러를 위한 소나타〉는 제2차 세계대전을 배경으로 하는 뉴스 필름 자료를 편집한 단편 다큐멘터리 작품이다. 이 작품은 1979년에 제작했지만, 상영 금지되었다가 1989년에야 관객을 만날 수 있었다. 〈암피르〉는 미국의 스릴러 작가 루실 플레처(Lucille Fletcher)의 「미안하지만 전화 잘못 걸었습니다」라는 라디오 희곡을 각색한 단편 극영화다.

1980년부터 1987년까지 페테르부르크에서 소쿠로프의 생활과 창작 활동은 순조롭지 못했다. 7년 동안 장편 극영화와 단편 극영화, 여섯 다큐멘터리 영화를 만들었지만 단 한 편도 검열을 통과하지 못해 상영 금지되었다. 그밖에 상영이 금지된 작품은 〈비올라를 위한 소나타〉, 〈그리고 아무것도 없었다〉, 〈밤의 희생〉, 〈인내. 노동〉, 〈엘레지〉, 〈마리야〉, 〈모스크바 엘레지〉, 그리고 〈좌천된 자〉와 장편 극영화 〈슬픈 무감〉 등이 있다.

　이 장에서는 알렉산드르 소쿠로프의 두 작품을 통해 극영화와 다큐멘터리 영화의 결합과 그 상징성 및 무화(無化)되는 경계에 대해 살펴보고자 한다.

다큐멘터리와 극영화의 결합

　소쿠로프는 18편의 극영화와 35편의 다큐멘터리 작품을 합쳐 지금까지 총 50편이 넘는 장편과 단편의 작품을 연출했다. 연출가로서의 재능은 러시아 국립 영화대학에 입학하기 전 고리키 방송국에서부터 시작되었다. 방송국에서 연출한 〈마리야 보이노바의 여름〉은 우여곡절 끝에 국립 영화대학 졸업 작품으로 제출한다.[1]

　일상의 정보와 삶의 고통, 긴 침묵, 삶과 죽음에 대한 소쿠로프의 시선은 다큐멘터리 작품의 진실성과 객관성에 주목하는 것이 아니라, 일상과 죽음을 통해 존재 의미를 사유하도록 한다는 맥락에서 자기 성찰적이다. 특히 죽음은 존재에 대한 의미를 시간성을 통해 사유하는 데 가장 중요한 철학적 요소다. 또한 모든 권력과 욕망의 집착에서 자유로울 수 있는 존재론적 의미와 가치를 찾으려는 그에게 영화 속 죽음은 삶의 끝이 아니다.

　소쿠로프 다큐멘터리 작품의 대부분은 개인의 일상과 삶의 순간, 죽음에 대한 엘레지라고 볼 수 있다. 극영화 역시 다

1 소쿠로프 졸업 작품은 알려진 대로 <인간의 외로운 목소리>다. 그러나 다큐멘터리 연출을 전공한 소쿠로프의 작품은 학교 규정에 따라 졸업 작품으로 인정받지 못했다. 더욱이 이 작품의 원작은 당시 반소비에트 작가인 안드레이 플라토노프의 『포투단 강』이며, 작가의 다른 작품 『대가의 기원』에 나오는 에피소드(신부가 나오는 장면과 죽음이 무엇인지 알기 위해 강으로 뛰어든 장면)를 인용했다. 졸업 작품이 학교 측과 마찰을 빚어 <마리야 보이노바의 여름>을 졸업 작품 (☞ 52쪽으로 이어짐)

큐멘터리의 주제적인 요소와 크게 다르지 않다. 소쿠로프의 첫 극영화 〈인간의 외로운 목소리〉는 극영화와 다큐멘터리 장면의 결합을 통해 삶에 대한 허무적 색채를 드러낸다. 첫 다큐멘터리 작품과 극영화 작품에서 볼 수 있는 삶의 허무는 끊임없이 반복되는 육체노동, 고통, 죽음을 통해 표면적으로 드러난다. 그러나 영화 속 개인의 삶은 역사적·사회적 맥락을 바탕으로 존재하고 있다. 즉, 역사적·사회적 맥락을 바탕으로 하지만, 개인의 삶에 대한 자기 성찰적 성향이 영화적인 의미망으로 구현된다. 그래서 역사적이고 사회적인 맥락에 대한 소쿠로프의 생각은 마치 영상 속으로 암호화된 것처럼 숨겨지고, 삶과 죽음에 대한 자기 성찰의 의미가 부각된다.

또한 소쿠로프의 영화에서 죽음은 주로 황량하고 추운 겨울 풍경, 폐허의 공간, 왜곡되고 지치고 병든 육체와 관련된다. 인물의 육체는 영화의 주제적 의미를 찾을 수 있는 중요한 키워드가 된다. 특히 허무와 죽음과 육체는 초창기 극영화 작품에서 더욱 암울하게 표현되고 있다.[2] 작품의 주인공이 경험하는 암울한 현실은 소쿠로프가 찾고자 하는 존재와 실존의 본래 의미를 사유하려는 따뜻한 시선일 수 있다. 이러한 시선은 다큐멘터리 영화와 극영화의 경계를 넘나들면서 각각의 극영화와 다큐멘터리 작품이 서로 유기적으로 영향을 미친다.

소쿠로프가 스스로 "자신의 다큐멘터리는 극영화로 용해되고 극영화는 다큐멘터리 영화로 용해된다"라고 했듯이 가장 표

으로 제출한다. 그러나 학교는 외부에서 만든 작품을 졸업 작품으로 인정하는 전례를 남기지 않기 위해 어쩔 수 없이 〈인간의 외로운 목소리〉를 졸업 작품으로 받아들인다. 플라토노프의 생애와 창작에 관한 전기 작품을 제작하기 위해 국가 지원금까지 받았지만, 결과적으로 학교의 규정에 어긋나는 작품을 만든 것이다.

[2] 인간의 죽음에 관한 어둡고 암울한 분위기의 영화로 〈두 번째 서클〉, 〈돌〉, 〈속삭이는 페이지〉를 3부작으로 꼽을 수 있다.

면적으로는 다큐멘터리 장면과 극영화 장면이 결합하고, 의미망의 맥락에서는 극영화에서 암호화된 상징적 의미를 소쿠로프가 만든 다른 다큐멘터리 작품에서 발견할 수도 있다. 반대로 다큐멘터리 속에 암호화된 의미를 극영화 속에서 찾을 수도 있다.

사실 시간과 공간의 재료를 구성하고 작가의 작업에 일정한 질서를 부여하는 몽타주 기법으로 극영화와 다큐멘터리를 혼합하는 방식은 영화사에서 이미 그 이전부터 사용했다. 가까이는 러시아 영화사에서 역사와 인간에 대한 해석이 다양해지고, 새로운 몽타주의 시공간적 미학을 탐구했던 해빙기 때 극영화와 다큐멘터리 장르 구분에 뚜렷한 경계가 사라지는 경향을 찾아볼 수 있다. 미하일 롬(Mikhail Romm) 감독은 자신의 작품 〈평범한 파시즘(Обыкновенный фашизм)〉(1965)에서 역사와 인간 사이의 진지한 주제를 다루기 위해 극영화적 요소를 새로운 미학적 형식으로 사용하고 있다. 소쿠로프는 인간의 실존과 존재에 대한 관조로서 독창적인 영화 미학을 하면서 다큐멘터리 장면을 가장 극적인 주제적 요소로 차용한다.[3]

첫 극영화 〈인간의 외로운 목소리〉에서부터 다큐멘터리 장면과 극영화 장면의 결합은 주제적 의미를 더욱 강화한다. 노동과 관련된 다큐멘터리 장면은 극영화의 의미망에 은닉되어 있는 허무의 의미를 찾을 수 있다.

노동자들의 얼굴과 노동을 반복해서 보여주는 클로즈업과

3 공간에 대한 다층적인 의미망을 구축하고, 영상의 왜곡과 클로즈업, 디졸브를 통해 공간과 시간의 경계를 자유롭게 지속시키면서 삶의 어떤 순간에 주목하고, 단일한 공간에서는 시간의 다양한 층위(시간의 겹)를 여행한다. 여기서 죽음을 통해 존재와 실존의 본질을 관조하고 자기 성찰적인 존재의 가치를 사유하도록 한다.

디졸브는 삶의 개인적 운명과 연결된다. 개인의 운명은 시민전쟁이라는 역사적 사건을 바탕으로 하지만, 역사적 사건에 대한 정보나 영상을 영화에 직접 드러내지 않는다. 첫 장면과 마지막 장면에 나오는 다큐멘터리 영상을 토대로 개인적 운명이 실존적 존재 가치로 의미를 확장하고 있다는 것을 추측할 수 있다. 그리고 이 작품은 귀환으로 시작해서 귀환으로 끝난다. 여기서 귀환과 귀환 사이에는 검은 화면[프로클레이카(проклеика)]이 자주 나온다(13번). 이것은 의식적인 시간의 흐름을 나타낸다. 아리스토텔레스가 말한 것처럼 분산되어 영원히 흘러가는 물리적인 시간이 아니라 개인의 경험과 주관적인 인식에 의한 의식적인 시간이다. 즉, 흘러가는 시간이 아니라 삶의 경험으로부터 오는 심리적으로 영원히 순환하는 시간과 다르지 않다. 그래서 육체의 고통은 유한한 존재로서의 삶의 허무를 나타내고, 그렇게 익숙해지며 살아가는 것이다. 한편으로는 인간의 시간을 과거와 현재와 미래를 하나의 통합된 심리적인 것으로 파악한 아우구스티누스의 시간 개념처럼 의식적 시간은 과거는 기억으로, 현재는 직관으로, 미래는 기대로 존재하는 듯 보인다. 그러나 여기서 시간에 대한 개인적이고 주관적인 경험은 미래적이지 않고, 허무적이다.[4]

그래서 "죽음 속에서 살아보고, 저승에 무엇이 있는지" 알아보기 위해 강물로 뛰어드는[5] 장면은 매우 상징적이다. 문학작품에서 강물로 뛰어든 사람은 죽었지만, 영화에서 강물로

<hr>

4 무의식적으로 반복되는 노동은 곧 정신적 고통이 육체적 고통으로 이어지는 것이다. 이런 맥락에서 니키타의 발기부전은 자신의 내부에서 온 통제이지만, 결국 이것은 외부로부터의 정신적인 억압에 의한 것으로 해석된다. 그러나 이것도 인간이 스스로 극복해야 하는 것이다. 전쟁이 끝나고 삶과 생산을 지향하는 노동과 기계의 작동이 있지만, 현실은 가난과 배고픔뿐이다. 자본과 연결되는 시장은 구정물과 상인의 교만만 있다. 이러한 암울한 현실에서 인간이 할 수 있는 유일한 것은 견디는 것뿐이다.
5 플라토노프의 다른 중편소설 『대가의 기원』에 "저승에 무엇이 있는지"를 알고 싶어 하며 '무트네보'라는 호수로 뛰어드는 에피소드를 모티프로 한 장면이다.

뛰어든 사람은 다시 배 위로 올라온다. 소설의 결말과 달리 영화는 문학의 에피소드를 근거로 하면서 현실이 저승인지 저승이 현실인지 경계를 모호하게 한다. 소쿠로프는 문학을 영화화하면서 이런 식으로 해석의 영역을 열어놓고 가장 독창적인 영화를 만든다. 영화의 결말에서 소쿠로프의 카메라는 폐허가 된 집 내부 벽을 따라 유연하게 아래로 내려가고 밑바닥에서 천천히 오른쪽으로 파노라마한다. 이때 외화면에서 들리는 남녀 주인공의 목소리는 삶과 죽음의 시공간적 경계를 무화시킨다. 소쿠로프는 탁월한 영화적 표현으로 가장 독창적인 주제의 영화를 만들었다. 그리고 뒤에 이어지는 다큐멘터리 장면을 통해서 삶이 현실이 아니듯 죽음이 저승이 아니라는 것을 알 수 있다. 소쿠로프는 보이는 것과 보이지 않는 것의 경계에서 죽음을 관조하고 있다. 소쿠로프는 문학을 영화화하면서 이런 식으로 해석의 영역을 열어놓고 가장 독창적인 영화를 만든다. 프롤로그와 에필로그, 영화 중간에 보여주는 다큐멘터리 장면은 니체의 니힐리즘을 상기시키면서 허무주의적 색채를 엿볼 수 있다. 이와 같이 다큐멘터리 장면과 극영화 장면의 경계에서 발생하는 영화적 의미는 초창기 독창적인 영상 미학과 주제 의식을 강화하고 있다. 다시 말해 초창기부터 극영화와 다큐멘터리 작품의 경계를 허물고 허무와 죽음, 육체를 통해 인간 존재의 가치를 관조하고 있다.[6]

〈히틀러를 위한 소나타〉는 제2차 세계대전 시기에 찍은

6 이 영화를 만들었던 1970년대는 역사적으로 포스트스탈린주의 시대이고, 관료주의와 경제성장의 둔화로 가난에 허덕이고 있었다. 영화 속 인물의 고통은 1970년대 현실로 소급할 수 있다.

뉴스영화의 자료 필름을 편집한 작품이다. 주제적인 차원에서 완전히 새로운 다큐멘터리 영화다. 다른 한편으로는 극영화 〈몰로흐〉의 히틀러 캐릭터를 읽을 수 있는 단초를 제공하기도 한다.

1979년에 만든 〈히틀러를 위한 소나타〉는 소쿠로프가 주목하는 주제 중 하나인 권력에 대한 출발 지점이다. 러시아의 격동적인 현대사뿐만 아니라 전통적인 문화사를 근간으로 하는 그의 영화에서 역사는 개인의 일상적인 삶의 표피 속에 가장 간결하고 암유적인 상징으로 은닉되어 있다. 특히 정치적 언어는 수용하지 않는다.[7] 이러한 견해가 녹아 있는 영화가 바로 이 작품이다.

〈히틀러를 위한 소나타〉에서 히틀러의 연설은 들을 수 없다. 음악과 자막만 있다. 소리를 들을 수 없는 히틀러의 연설 장면에서 음악의 리듬과 흑백의 색채는 묘한 대조를 이루면서 영상 역시 대조적인 리듬이 반복될 뿐이다. 히틀러의 언어는 일정한 거리를 두고 반복해서 보여주는 손동작으로 대신한다. 그 동작은 매우 심리적이고 정신적인 차원을 대변하고 있다.

이 작품은 인간의 손이 무엇을 할 수 있는지를 생각하게 한다. 영화의 이미지는 두 손을 모으고 앉아 있는 히틀러에서 시작해 똑같은 장면으로 끝난다. 히틀러의 이 모습은 상영 시간 11분인 단편 영화 중간중간에 자주 반복된다. 검은 화면 위로 총소리와 종소리가 먼저 들리고 음악이 시작되면 양손을

7 〈소비에트 엘레지〉에서 소쿠로프는 옐친에게 어떤 대화도 허용하지 않는다. 마지막에 인터뷰 장면이 있기는 하지만, 기계의 소음 때문에 우리는 그의 말을 들을 수 없다.

모으고 앉아 있는 히틀러가 보인다. 이때 프레임의 왼쪽 아래와 오른쪽 위에 숫자 자막이 순서대로 바뀌면서 화면에 나타난다. 숫자는 일종의 상징 기표로 작용한다. 처음에 나온 '0079'와 '0089'는 이 영화가 만들어진 해와 상영된 해를 상징적으로 표현하고 있다. 0000에서 0099로 증가하던 숫자는 히틀러의 연설에 열광하는 인파를 부감 촬영한 장면에서 사라진다. 그리고 높은 곳에서 잡은(부감 촬영) 인파의 이미지 숏은 공간의 좌표를 제거한다. 다큐멘터리 작품에서 소쿠로프는 몽환적 분위기의 이미지에서 공간의 좌표를 의도적으로 지워버리는 경우가 있다. 주로 망령의 이미지를 물질화할 때 공간의 좌표를 제거한다.

사실 공간을 가지지 못하는 것은 그 어떤 것이라도 현실의 물질세계가 아니다. 그리고 인간의 인식은 몸을 통해 공간화된다. 소쿠로프는 과거의 망령들을 불러들여 현실의 공간적 경계를 사라지게 한다. 이것은 그 자체로 현실의 물질세계가 아닌 것을 물질인 몸을 통해 공간화하는 것과 같다. 그렇지만 현실의 공간 좌표를 가지지는 않는다. 이런 경우 물질과 배경이 서로 흡수되어 극단적인 평면성의 효과를 낸다. 다시 말해 열광하는 인파 장면은 공간의 좌표를 지움으로써 의미의 맥락에서 공간을 확장할 뿐만 아니라 시간을 중첩시킨다. 여기서 히틀러가 일으킨 전쟁의 비극적 파멸은 독일에 관한 문제로 규정되는 것이 아니라 러시아와 스탈린의 문제로까지 소급되

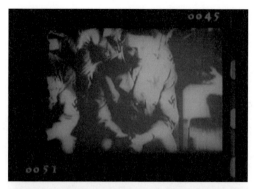

<히틀러를 위한 소나타>

어 러시아의 문제로 소환된다. 즉 사라진 숫자가 다시 등장해 '0053' 과 '0045'에서 끝난다. 숫자는 바로 스탈린과 히틀러의 시간이다. 스탈린이 죽은 1953년과 히틀러가 자살한 1945년에서 영화는 끝난다.

한편 인파의 환호 속에서 마치 비상하듯이 나치 경례(Hitlergruß)에 답하는 히틀러의 모습과 능숙하게 장식품을 기계에 넣는 맹인의 빠른 손놀림, 다시 두 손을 모으고 앉아 있는 히틀러와 맹인의 얼굴이 교차 편집된다. 맹인의 획일적인 손과 히틀러를 숭배하는 대중의 손 그리고 답례하는 히틀러의 손은 모두 앞을 보지 못하는 맹인의 모습과 다르지 않다.

〈히틀러를 위한 소나타〉는 전쟁 시기에 인간의 손이 할 수 있는 다양한 일을 서로 교차시키면서 점점 파멸적인 비극에 도달한다. 이발하는 손, 해골을 내미는 손, 죽은 자들의 손이 화면을 가득 채운다. 다시 히틀러 장면이 반복되면서 총을 만드는 손, 죽은 시체, 악기를 연주하는 손, 살육하는 손, 이름 없는 병사들의 얼굴 사진, 역사적 현실을 목격하고 벽 너머로 몸을 숨기는 병사의 얼굴, 나치 경례를 하는 손, 사냥하는 손, 척박한 대지에 널려 있는 죽은 짐승들, 그리고 안개가 자욱한 하늘의 풍경, 폐허의 거리에 널려 있는 주검들, 호수에 입을 대고 물을 받아 먹는 소년, 나무통에 묻어 있는 음식 찌꺼기를 손으로 핥아 먹는 노파, 교수형에 처한 사람의 눈을 가리는 손 등이 보인다. 일련의 이미지는 전쟁의 광기와 권력을 숭배하는 민중의 광기를 출발점인 히틀러로 되돌려놓는다. 여기서 이미지는 언어보다 강렬한 전달력을 간결하게 구사하고 있다. 바로 히틀러와 그를 숭배하는 사람들의 손이다. 손은 중요한 주제적 요소다. 히틀러의 반복적인 손동작에서 아무렇지도 않은 손에 피가 묻었다고 생각하고 씻어내는 맥베스 아내의 행동을 연상할 수 있다.

이와 같이 소쿠로프의 작품에서 영상은 언어보다 깊은 의미를 내포하고 있다. 때로는 음향과 음악이 다층적인 의미를 내포한다. 프레임 안에서 카메라와 피사체의 움직임은 정적이고, 환경과 공간에서 인물의 심리적이고 내면적인 정서가 지배적으로 구현된다. 예를 들어 〈마리야 보이노바의 여름〉에서 기차가 지나가는 것을 배경으로 카메라는 기차의 속도보다 천천히 움직인다. 그리고 기차가 가는 반대 방향으로 되돌아오면 그 자리에 물을 마시는 마리야가 있다. 카메라의 움직임으로 시간의 흐름을 거슬러 지난 시간으로 귀환하고, 그녀의 삶을 관찰한다. 남자 손보다 굵고 거칠며, 시커먼 흙이 손톱 밑에 끼어 있는 마리야의 손을 클로즈업한다. 물로 갈증을 달래고 난 후 마리야는 농사일을 계속한다. 7월에서 6월 다시 7월에서 8월로 영화의 시간은 여름을 순환한다. 카메라의 움직임처럼 영상과 자막은 여름날의 신선한 노동에 주목한다. 그리고 자연과 마리야의 삶이 하나의 시간적 주기로 흘러간다. 이 장면에서 순환적 시간의 인식을 부드럽고 순결한 슬픔으로 능숙하게 표현하고 있다. 여름날 마리야가 농사를 짓던 황금 들녘, 아들의 죽음을 슬퍼하는 마리야, 따사로운 햇살 아래 가족과 함께 수영을 하고 평온한 하루를 보내는 마리야의 얼굴을 카메라는 클로즈업하고 오랫동안 들여다본다. 마치 침묵 속에 있는 삶의 고통과 소통하려는 듯하다. 그리고 기차가 쏜살처럼 지나간 자리로 되돌아갔듯이, 카메라는 9년이라는 세월이 흐른 뒤 그녀의 집을 방문한다. 이때 마리야의 지난한 삶의 흐름을 탐색하듯 카메라는 긴 수평 트래킹 숏(이 장치는 <소비에트 엘레지>에서 작품 전체의 주제를 꿰뚫는 데 이용된다)으로 비가 오고 안개 낀 도로를 달려간다.

마침내 소쿠로프의 카메라가 마을에 도착했을 때 우리는 황량한 겨울 벌판을 보게 되고 마리야가 짧은 삶을 끝냈다는 것을 알 수 있다. 소녀였던 그녀의 딸은 결혼해 아이를 낳았고, 마리야의 남편은 새 아내를 얻었다. 카메라는 다시 황량한 겨울 들판을 파노라마로 보여준다. 황량한 길에는 마치 아들을 친 트럭 바퀴와 같은 자국이 질퍽한 땅 위에 남아 있다.

이와 같이 소쿠로프의 카메라는 마리야의 일상적인 삶을 간결하게 묘사하면서, 삶과 죽음에 대한 실존적 존재의 본질을 관조한다. 소쿠로프는 자신의 영화에서 무엇도 억지로 말하려 하지 않고, 어떠한 이데올로기를 평가하거나 비판하려 하지 않는다. 단지 인간의 실존적인 삶을 보여줄 뿐이다. 그 속에서 죽음에 대한 강한 물질성을 은유적으로 드러내고 있다.

권력에 대한 단상:
제목에 담긴 상징성

소쿠로프는 자신의 영화에서 정치적 언어를 거부하듯이, 역사적 인물의 정치나 이념에 대해 비판하거나 진실을 말하려고 하지 않는다. 정치적이고 이념적이고 사회적인 사건이나 현상 앞에서도 개인의 일상을 관조하고, 사실적인 정보를 알려줄 뿐이다. 그러나 표면적으로 영화의 서사와 관련이 깊지 않아 보이는 영화 제목에서 상징성을 발견할 수 있다. 마찬가지로 개인의 일상 속에서 표현하고 있는 삶과 죽음은 인간의 존재론적 실존의 가치에 대한 사유를 추론해볼 수 있다. 여기서 역사와 죽음에 대한 주제는 개인의 환경과 삶으로서 영화적 의미망 속에 있다. 그래서 그의 영화는 역사보다는 개인의 삶, 삶보다는 죽음을 특별한 갈등 없이 서술하고 있다.

그가 두 번째로 만든 단편 극영화 〈암피르〉 역시 죽을 수밖에 없는 어느 여인의 운명에 관한 것이다. 그녀의 죽음은 이미 예견된 것이다. 죽음은 불청객처럼 외부에서 오는 것이 아니라 이미 내부에 있다. 〈히틀러를 위한 소나타〉에서 인간의 권력 욕망에 대한 비극이 대위법적인 음악의 리듬으로 포장되었다면, 〈암피르〉[8]는 제국의 파멸적인 자멸에 대한 비극이 사랑의 아리아로 포장된다. 이런 맥락에서 두 단편 작품 속에서 소쿠로프의 권력과 죽음에 대한 주관적인 사유의 출발 지점으로 볼 수 있다.

특히 "여기서 죽음은 권력의 자기 파괴적 속성을 상징적으로 드러내고 있다. 제목과 영화의 내용이 연관성이 없지만 죽음과의 관계에 있어서 암유적으로 권력의 파멸과 밀접하게 관련시키고 있다. 개인적이고 내밀한 사적 공간은 역사적인 주제로 확장되는 것과 다르지 않다"(정미숙, 2015: 115).

자신의 죽음을 예견하지 못한 채 계획된 살인을 막으려고 노력하는 무용가가 〈암피르〉의 주인공이다. 소쿠로프의 초창기 영화에서 죽음은 주로 황량한 겨울 풍경을 배경으로 하지만 〈암피르〉에서는 어둡고 생기 없는 방을 배경으로 한다. 하반신이 마비된 여주인공은 침대에 누워 전화기로만 외부와 소통할 수 있다. 남편과 통화를 시도하던 그녀는 우연히 혼선된 전화를 통해 살인 계획은 엿듣게 된다. 전화 교환원을 통해 발신지를 추적하고 예정된 피해자를 구하려고 노력하지만, 그녀는 아무것도 할 수 없다. 그러나 계획된 살인 피해자는 그녀

[8] 러시아어 Ампир는 주로 '암피르 양식'으로 쓰인다. 암피르 양식은 나폴레옹 1세 시대의 건축 양식을 의미한다. 암피르 양식은 주로 옷, 가구, 소품 등의 장식에 쓰인다. 프랑스에서 1800~1830년 사이에 성행했던 암피르 양식이 이후 러시아를 비롯한 유럽 제국에서 성행했다.

로 밝혀지고, 그녀의 죽음으로 영화는 끝난다.

소쿠로프는 권력에 대한 4부작 시리즈를 처음 계획한 것이 1980년부터라고 말한 적이 있다. 1980년은 소쿠로프가 렌필름 스튜디오에서 첫 작품 〈좌천된 자〉[9]를 만든 해이기도 하다. 〈좌천된 자〉에도 권력에 대한 암시적 모티프가 존재한다. 그리고 두 번째 작품 〈암피르〉에서는 죽음을 통해 제국의 권력이 내부로부터 스스로 파멸에 이르는 과정에 대한 은유적 상징을 찾아볼 수 있다.

'암피르'는 제목의 환유적 상징이 주제적 의미와 연결된다. 즉, 영화에서 여인의 죽음은 개인의 죽음이 아니다. '암피르'의 영어 제목을 'Empire'로 함으로써, 개인의 죽음이 역사적 권력의 파멸과 등가성을 가진다는 점을 쉽게 짐작할 수 있다.

사실 영화 〈암피르〉에서 제국에 관한 이야기는 찾을 수 없다. '암피르'는 나폴레옹 1세 시대의 건축 양식을 지칭한다. 귀족들이 누리던 화려한 생활을 그리워하면서 나폴레옹의 승리를 의미하는 기호를 장식품에 자주 사용했고, 장식과 가구 등의 실내 인테리어로 장엄하고 장대한 분위기를 만들어냄으로써 제정 양식이라 부르기도 했다. 그러나 영화의 공간은 제목에서 연상할 수 있는 제국이나 제정 양식의 귀족적 분위기와 달리 암울하다. 어두운 방 안을 채우고 있는 침상의 형상만이 화려한 양식을 연상할 수 있도록 하지만, 침상은 나중에 죽어서 들어가는 관으로 밝혀진다.

[9] 〈좌천된 자〉는 강등된 관리가 새로운 삶을 살려고 노력하는 이야기다. 주인공은 과거 자기 삶과 불투명한 부활 사이의 경계를 살아간다. 그 경계는 내면적이고 심리적이다. 권력의 치명적 파멸은 내부로부터 이루어진다고 예견할 수 있다. 〈좌천된 자〉에서 주인공을 맡은 비전문 배우 일리야 리빈(Ilya Rivin)은 〈암피르〉에서 살인자로 등장한다.

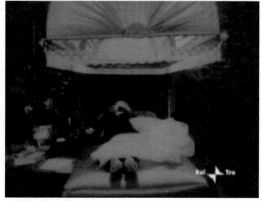

〈암피르〉

영화는 관의 형상으로 시작
해서 관의 형상으로 마무리된
다. 그녀는 침대가 아니라 이미
죽어서 들어갈 수 있는 관에 누
워 있었던 것이다. 죽음은 불청
객처럼 외부에서 오는 것이 아
니라 이미 그 집 내부에 있었다.
다시 말해 죽음이 가장 개인적
이고 물리적으로 이루어지는 그
녀 집의 형상은 그 자체로 묘지
가 된다. 죽음의 손이 다가와 희
생자가 그녀 자신이라는 것을
짐작할 수 있을 무렵 라디오 음
악은 끊어지고 갑자기 정적에
잠긴다. 그녀가 죽은 후에는 새
로운 프로그램의 콜사인이 나오
고, 살인자는 서투른 듯 어둠 속을 빠져나가면서 요강을 발로
차서 넘어뜨린다. 손에 묻은 오물을 바지에 문지르고, 쩔쩔매
며 밖으로 나간다. 이 장면은 살인자의 손이라는 차원에서
〈히틀러를 위한 소나타〉에서의 손을 연상할 수 있다. 그뿐만
아니라 〈암피르〉는 권력자 시리즈의 손과 죽음, 왜곡된 육체로
까지 확장될 수 있다. 살인자가 그녀의 방을 벗어나면 거리에

우뚝 솟은 아파트가 앙각 앵글에 의해 검고 육중한 벽의 기하학적인 선을 드러내고 어두운 프레임에서 육중한 물체가 더욱 돋보인다. 마치 건물 전체가 묘지와 같은 효과를 보인다.

삶과 죽음이 공존하는 공간이면서, 묘지 안에서 살고 있는 삶이기도 하다. 그것은 권력의 자멸적 속성을 상징적으로 표현하는 방법이기도 하다. 제목의 상징에서 영화적 영상과 편집으로 의미망을 구축하고, 제국주의적 권력의 죽음(파멸)을 통해 존재의 의미를 사유해볼 수 있다.

> 〈암피르〉는 검은 화면에 소리가 선행한다. 이 작품에서 소리는 금속성의 굉음과 기계음, 라디오에서 나오는 오페라의 아리아 음악, 집 주변을 달리는 기차 소리 등 생활 음을 적극적으로 활용하고 있다. 청각적인 요소들은 다리를 전혀 움직일 수 없는 무용가의 심리적 상태와 관련된다. 음향은 공간에 대한 심리적 확장이면서 나중에 불안에 대한 내면적 접근이었다는 것을 알게 된다. 32분짜리 단편 영화에서 거의 11분에 해당하는 프롤로그의 소리는 매 순간 청각적 악센트를 가지고 있지만, 오히려 우리의 시각적 주의를 더욱 상기시킨다(정미숙, 2015: 116~117).

여기서 소리는 마치 청각적인 불협화음이 정적인 영상과 함께 씨실과 날실로 구성된 듯한데, 오페라의 아리아 때문에 영상에 집중하기 어렵다. 그리고 아리아는 씨실과 날실의 조직에서 돌출된 아우성으로 삐걱거리다가, 주변의 소음을 순간순간 흡수하면서 정적인 공간을 역동적인 사건의 불길한 징조로 변화시키는 암시가 된다. 이것은 조용히 다가오는 살인에 대한 예감과 같은 것이다. 이러한 예감은 첫 장면에서 거의 움직임 없이 카메라가 보여주는 방의 전경과 관련 있다. 관의 형상이 놓여 있는 것으로 밝혀진 방은 처음부터 묘지의 내부보다 어둡게 표현된다. 카메라가 아주 느리게 움직이면서 덮개가 열리고, 침상에 누워 있는 여인의 맨발이 프레임의 전경에 보인다. 시체를 묘사하는 방법이다.

발은 인간 생활 전반에 걸친 다양한 활동을 가능하게 하는 것으로 운동과 움직임을 지향하는 것이다. 발의 운동과 움직임이 자율적이지 않을 때 공간은 우리에게 어떤 두려움일 수 있으며, 움직임뿐 아니라 전체 육체의 무게조차 느낄 수 없는 것으로 수직적인 위치가 아니라 육체와의 수평적 위치에서의 이동은 죽음과도 연결할 수 있다. 영화에서 발과 육체의 수평적 관계는 이런 식으로 죽음과 연결된다. 다시 말해서 소쿠로프의 영화에서 시체의 발은 삶으로부터 격리된 육체의 부분, 즉 죽은 육체를 표현하는 것으로서 영화적 제유법이다 (정미숙, 2007: 354~359).

사실 프롤로그에서 그녀의 맨발은 카메라에 의해 프레임의 전경에서 후경으로 다시 전경으로 위치하게 된다. 이것은 소쿠로프의 영화에서 삶과 죽음이 다르지 않듯이 앞과 뒤, 뒤와 앞이 서로 연결된 고리처럼 순환을 상징하는 의미로 볼 수도 있다. 그리고 살인 계획을 우연히 엿듣기 전까지 통화하는 그녀의 모습은 디졸브로 반복된다.

소쿠로프의 영화에서 디졸브 화면은 주로 인파(人波)와 관계되는데, 반복되면서 차츰 공간의 좌표 경계가 사라져 인파는 어느 순간 현실의 인간이 아닌 죽은 영혼과 같은 현상으로 표현된다.[10] 〈암피르〉에서 디졸브는 고립된 그녀와 살인 피해자를 구하려는 그녀의 목소리가 허공으로 사라지는 독백의 공허함을 강조한다. 그리고 그녀의 마비된 발을 전경에 배치함으로써 닫힌 공간에서 희생될 수밖에 없는 운명을 보여준다. 디졸브를 통한 반복은 마치 여인의 죽음이 내포하고 있는 자멸에 대한 역사적 순환, 즉 내부로부터 파멸의 길에 도달하는 권력의 공허한 메아리를 표현하고 있다. 그리고 꼬여 있는 전선, 시든 꽃, 불이 꺼진 양초를 보여주던 카메라는 그녀의 얼굴로 다가가면서 부감(피사체를 위에서 아래로 찍는 것)으로 클로즈업한다. 이러한 오브제의 물질성은 일차적으로 그녀의 심리적 등가성이고, 다음은 영화 주제를 암시하는 상징과 같다. 그리고 클로즈업은 인물 내면으로의 접근이면서 공간의 평면성을 강조한다. 얼굴의 클로즈업은 얼굴을 공간에서 분

10 다큐멘터리 〈밤의 희생〉에서는 전승 기념일에 넵스키(Nevsky) 대로를 가득 메운 군중의 무리를 디졸브로 다루어 시공간을 무화시킴으로써 무고한 희생에 대한 엘레지를 표현하고 있다.

리해 곧 상황에서 분리해, 당면한 상황에서 인물의 섬세한 정신적 변화에 집중한다. 그러나 카메라는 내면으로 접근하기보다 어느새 신의 시점을 표현하는 듯한 부감 앵글로 그녀의 얼굴을 포착함으로써 중세적인 분위기를 연상시킨다. 이 장면에서 그녀가 희생될 운명임을 다시 예감할 수 있다.

영화에서 내면적 접근은 이루어지지 않는다. 카메라는 그녀를 타자로 지켜볼 뿐이다. 침상의 반원 모양의 덮개가 닫힐 때 카메라는 부감 촬영으로 그녀를 더욱 운명적인 공간으로 가두어버릴 뿐이다. 침상이 닫히고 그녀의 목소만 들릴 때 조심스럽게 카메라가 다가가지만, 그녀의 머리 모양만 크게 느껴질 뿐이다. 빛과 어둠의 대비로 그녀의 얼굴은 제대로 보이지도 않는다.

얼마 후 침상에 누워서 밖으로 얼굴만 내민 그녀가 잡지책을 넘기기 시작한다. 종소리가 울려 퍼지고 현대적 분위기의 컬러 화면으로 장면이 바뀐다. 잡지 속 모델들의 사진은 그녀의 운명과 대조적이다. 카메라는 마치 크롭11으로 잡지 속 사진의 이미지를 부각시키듯이, 여성 모델과 연인의 모습을 영화적 의미망으로 부각시킨다. 물질적인 잡지의 이미지가 심리적인 이미지로 변하는 순간이다. 여기서 모델 사진은 단순한 정보가 아니라 푼크툼(punctum)과 같은 것이다. 그녀의 사랑에 대한 꿈과 환상, 그리고 그녀의 기억에 대한 강렬한 환기와 같다. 곧 그녀의 주관적 시간의 흐름이자 경험이 축적된 의

11 크롭(crop)이란 사진의 미학적 용어다. 찍은 사진을 가지고 적절히 중심을 살리면서 화면을 재구성하는 것이다. 틀을 깨고 여러 이미지를 재구성하는 크롭은 새로운 이미지다. 그것은 소쿠로프 자신이 사진 속 이미지에 반응하고 인지하는 것이기도 하다.

식의 시간 같은 것이다.

　한편 소쿠로프의 작품에서 집, 섬, 숲 또는 박물관, 거리 등의 대부분의 공간은 보편적이고 객관적인 일상의 시간이 현실과 분리되지 않으면서 갑자기 주인공 또는 소쿠로프의 주관적의식과 관념의 시간으로 융합된다. 그리고 집, 섬, 숲, 박물관, 거리는 일상의 내면을 관조할 수 있는 개인의 공간과 역사적순간의 경험이 축적되어 있는 시간의 층위들의 결합으로 이루어지면서 의식의 시간을 물질로 형상화한다. 단일한 공간이 물리적 형상을 초월하고 시간의 층위들로 결합되는 것이다. 그래서 감독의 영화에서 공간은 매우 다층적 의미를 구현한다.

　시간 역시 단순히 물리적인 경과가 아니다. 물질의 폐허와부패가 시간의 흐름을 형상화하듯이 공간은 의식의 시간을 물질화한다. 그 과정에서 육체는 대부분 영화적 장치에 의해 왜곡되거나 병에 걸렸거나 성적으로 불통한다. 죽음을 상징적으로 내포하고 있는 육체는 왜곡되고 병들고 지쳐 있다. 육체의 왜곡은 관계의 왜곡으로, 관계의 왜곡은 소통의 왜곡으로, 소통의 왜곡은 다시 관계의 단절로 연결된다. 관계의 단절은죽음이 역사적 변화와 자연스럽게 연결되는 지점이다.

　그러나 역사적이고 정치적인 것이 영화의 표면에 드러나지않는다. 오히려 개인의 내면적이고 심리적인 현상에 주의를집중한다. 그것은 역사적·정치적·사회적 이념에 대한 비판을 멈추고 개인의 일상에 접근하도록 한다. 감독은 역사적이고 정치적인 것보다는 실존으로서 인간 본연의 삶에 근원적으로 접근하고자 한다(정미숙, 2007: 354~355).

소쿠로프의 영화가 사변적인 것과 일상적인 삶의 경험의 접점에서 예술적인 지각이 시작되듯이 주관적인 생각이나 주제적인 의미는 표면적인 일상의 내면으로 은닉되고, 다큐멘터리 영화와 극영화의 경계에서 의미는 더욱 첨예해지며, 정신을 표현하는 매개로 육체를 탐미한다. 왜곡되고 병든 육체는 죽음과 다르지 않으며 도덕성과 인간 정신의 위기를 내포하고 있다. 그리고 소쿠로프가 정치나 이념에 대한 비판과 판단이 아니라 개인의 육체적 고통과 운명에 주목하는 이유는, 실존적 존재로서의 두 가능성인 존재와 무(無)에 대한 주관적 사유를 철학적 질문으로 남겨두는 것과 다르지 않다.

육체는 인간 존재와 삶의 유한성과 덧없음을 드러내는 것으로, 모든 인간이 하나의 길을 가고 있다는 사실을 보여준다. 이런 의미에서 그의 영화적 공간에서 시간의 층위들이 자연스럽게 결합하는 것 역시 우연이 아니다. 삶은 끊임없이 움직이고 역사는 발전하고 변화하지만, 인간 실존의 주체가 되는 육체는 그 무한성 앞에서 덧없음을 드러낼 뿐이다. 사실 인간의 육체를 통한 인식은 전통적인 서구의 인식론에 도전하는 것으로, 사유의 집합체를 몸으로 인식하는 것과 같다. 시간적으로 유한한 육체를 예술적인 의미 맥락의 중심에 두는 것 역시 실존과 존재의 의미를 사유하고자 하는 소쿠로프의 철학적 고뇌와 같은 것이다. 마찬가지로 소쿠로프의 영화에서 다큐멘터리 영화와 극영화의 형식적인 구별은 무의미하다.

〈오리엔탈 엘레지〉

알렉산드르 소쿠로프: 폐허의 시간

03
영화에서의
죽음

미하일 얌폴스키(Mikhail Iampolski) 지음 | 김수환 옮김

이 글은 미하일 얌폴스키(Mikhail Iampolski)의 저서 『언어 - 신체 -사 건: 영화와 의미의 탐색(Язык - тело - случай: Кинематограф и поиски смысла』(Москва: НЛО, 2004) 중 2부에 실린 「영화에서의 죽음」(178~197 쪽)을 우리말로 번역한 것이다. 1992년부터 미국 뉴욕 대학 비교문 학 전공 교수로 재직 중인 미하일 얌폴스키는 오늘날 러시아 인문학 계를 선도하고 있는 대표적 학자 중 한 명이다. 영화 이론뿐 아니라 철학과 사상사를 아우르는 해박한 지식과 통찰로 정평이 나 있지만, 특히 알렉산드르 소쿠로프와는 각별한 인연을 맺고 있다. 얌폴스키 는 데뷔작 이래로 소쿠로프를 '발견'하고 그의 영화 미학을 꾸준히 지지해온 장본인이다. 소쿠로프는 한 러시아 방송 인터뷰에서 "비평 이 당신의 창작에 길을 제시해준 경우가 있습니까?"라는 질문에 다 음과 같이 대답한 적이 있다.

네, 있었습니다. 그건 미하일 얌폴스키였어요. 지금은 미국에 있지만. 아 그래요, 사실 최근에 제 영화에 대한 그의 입장은 좀 바뀌었습니다. 부정적인 쪽으로요. 하지만 이 인물이 저에게 엄청나게 커다란 의미를 지니던 시절이 있었습니다. 그는 정말 독특한 인물입니다. 아주 특별한 예술적 직관을 지닌, 정말 뛰어나다고밖에 볼 수 없는 사람입니다. 그가 모스크바를 떠나게 됐을 때, 그건 저에게 엄청난 손실이었습니다.

사실 이런 영향 관계는 상호적인 것이었던바, 얌폴스키에 따르면 "본질상 현상학적 예술가"에 해당하는 소쿠로프는 얌폴스키로 하여금 초기의 언어적-기호학적 모델을 벗어나 현상학적 모델로 나아가도록 만든 장본인이다. 재현 자체가 유사-신체적 성격을 획득하면서 일종의 현상학적 객체로서 현현하는 소쿠로프의 영화, 자족적인 사물과 몸으로 가득 차 있는 그의 세계는 고전적 영화 언어의 순수 서사적인 구조를 극복해보려는 얌폴스키의 이론적 여정에 가장 강력한 영감을 제공해준 실천적 사례였다. 이 논문에서 얌폴스키는 죽음이라는 사건을 다루는 소쿠로프의 아주 특별한 방식을 통해 '다른 영화의 왕국'을 열어가는 소쿠로프의 시도를 그려내고 있다.

이 영화의 원제는 'Krug vtorovo(Круг второго)'로, 글자 그대로 옮기면 '두 번째 원(second circle)'이 된다. 하지만 여기서 krug(circle)은 솔제니친의 장편 소설 *V kurge pervom(In the first circle)*(1968)이 그렇듯이, 제1옥(獄)(림보)에서 제9옥(코기토스)까지의 순례를 그린 단테의 『신곡』과의 관련성을 고려해 지어진 이름이다. 따라서 원래는 '제2옥

(獄)'이 더 적합한 제목이지만, 이 장에서는 한국에서 처음 상영하면서 붙인 제목인 '세컨드 서클'을 그대로 썼다.

* * *

소쿠로프의 영화 〈세컨드 서클〉에 관한 이 글은 영화에서 현상학적 영역을 찾아보려는 다분히 극단적인 시도였다. 무엇보다 먼저 논의할 것은 세계와의 관계의 형식들인데, 가령 촉각적 관계 그러니까 화면 위의 신체들 및 사물들과 직접적인 접촉을 통해 관객에게 주어지는 특정한 의미의 집합체 같은 것들이 그것이다. 죽은 아버지의 시체를 다루는 일을 둘러싼 전례 없는 플롯을 특유의 강조된 사실성으로 처리한 소쿠로프의 영화는 이런 접근법을 위한 최적의 자료를 제공했다. 관객들에게 영화의 모든 의미는 모종의 대상성, 즉 화면 위의 주검이 제공하는 신체적 상황으로서 제시된다. 10년이 흐른 뒤 키라 무라토바(Kira Muratova)는 유사한 상황에 주목했지만, 이번에는 완전히 반현상학적 원칙에 따랐다. 그녀의 영화 〈세 가지 이야기(Три истории)〉나 〈2등급 인간들(Второстепенные люди)〉에서 인물들이 처리하는 시체는 이상하게도 행위에 전혀 반영되지 않는데, 즉 인물들의 행위 지평에 포함되지 않는다. 그들은 존재하지만 동시에 마치 존재하지 않는 것과 같다. 무라토바 영화의 기이함은 그녀의 인물들이 시체의 의미론적 장에 절대적으로 무감각하다는 사실에 기인한다. 물론 소쿠로프에게 가장 강력한 현상학적 대상은 시체였다. 하지만 당시 내게는 그와 같은 의미의 모델을 다른 대상들에도 적용할 수 있을 것으로 생각되었다. 물론 그럴 경우에는 의미의 영역이 달라져 버리겠지만.

03. 영화에서의 죽음

알렉산드르 소쿠로프의 영화 〈세컨드 서클〉은 온전히 죽음의 문제에 바쳐져 있다. 지금껏 전통적으로 러시아 영화는 형이상학적인 문제에 무관심했고(물론 타르콥스키는 예외다), 그 점에서 이 영화는 매우 독특한 작품이라고 할 수 있다. 죽음의 주제는 〈인간의 외로운 목소리〉에서 〈구하라, 지켜라〉까지 소쿠로프의 전 영화에 존재해왔지만, 〈세컨드 서클〉에서 이 주제는 스크린의 전 공간을 잠식하면서 비범한 감정적 힘을 지닌 채 구현되고 있다.

플롯 면에서 이 영화는 지극히 단순하다. 그것은 병든 아버지를 방문하는 한 젊은이(그의 성은 <일식의 나날들>의 주인공을 연상시키는 말랴노프다)의 이야기를 보여준다. 그는 너무 늦게 방문했고 아버지는 이미 죽었다. 주인공에게는 아버지의 장례를 치르는 것 외에 할 수 있는 일이 없다. 영화는 장례의 과정을 묘사하는데, 이는 금욕주의적인 직설법으로, 디테일에 대한 거의 다큐멘터리적인 관심을 통해 그려진다. 소쿠로프의 몇몇 전작과 달리 〈세컨드 서클〉은 복잡한 문화적 하부 텍스트, 인용 혹은 해독을 추동하는 상징주의를 완전히 결여한다. 영화의 플롯은 인색할 정도로 단순하고 선형적이며 명백하다. 전혀 '준비되지 않은' 관객일지라도 소쿠로프의 영화 텍스트를 읽을 수 있다. 즉, 관객은 죽음의 공포를 느끼면서 이런 비인간적인 사회에서 인간에게 주어진 최후의 길에 관한 악몽을 떠올리는 한편, '소비에트'식 장례에 관한 이와 같은 상세한 묘사란 결국 인간의 존재 법칙뿐 아니라 죽음까지도 망쳐놓고 마는 우리네 삶에 대한 유죄 판결과 다르지 않다는 점을 이해할 수 있다.

이 모든 것은 너무도 명백하기에, 그리고 소쿠로프에 의해 그토록 강력한 비극성과 힘을 동반한 채 묘사되었기에 영화를 보는 누구라도 중개자 없이 그것을 이해하고 느낄 수 있을 것이다. 하지만 영화의 프레임을 넘어선 곳에서 필연적으로 발생하는 모종의 맥락은 특별한 비판적 코멘트를 요청한다.

어떻게 죽어야 하는지를 아는 사람들

러시아 영화 예술에서 〈세컨드 서클〉이 갖는 의미는 그것이 죽음을 다룬 최초의 영화라는 점에 있다. 이는 줄거리의 엔딩이나 드라마 구조상의 필요한 에피소드로서의 죽음이 아니라 현상학적 차원에서의 죽음을 다룬 최초의 영화라는 뜻이다. 그것이 출현했다는 자체가 이미 익숙하지 않은 질문을 유발한다. 영화에서 죽음이란 무엇인가?

영화는 죽음과 결부된 에피소드의 빈도가 지극히 많다는 점에서 다른 예술들과 구분된다(연극은 이 점에서 비교 대상이 못 된다). 프로이트는 『전쟁과 죽음에 대한 성찰』(1915)에서 이 현상에 관한 가장 뛰어난 해명 중 하나를 제공한 바 있다. 프로이트는 문학과 연극을 언급하고 있지만, 이후의 문화 발전을 보면 그의 통찰이 무엇보다 영화에 잘 들어맞는 것임이 드러난다. 프로이트는 예술이 관람자로 하여금 동일시의 과정을 통해 살아 있는 상태로 죽음을 대리 경험할 수 있도록 해준다는 가정에서 출발한다.

> 허구의 영역에서 우리는 바라왔던 죽음의 복수성을 발견할 수 있다. 우리는 가상의 인물을 통해 죽게 되지만 또 다시 살아남아, 마찬가지로 안전하게 다음 번 인물 속에서 죽을 준비가 되어 있다(Freud, 1963: 124; Фрейд. 1995a: 17~24).

영화에서 죽음이 더 많이 제시될수록, 우리가 자신의 불멸성을 더 강하게 확인하게 되는 것은 바로 그 때문이다. 그러나 스펙터클의 과정에서 실현되는 죽음을 향한 이런 가상의 승리는 영화가 집요하게 따르고자 하는 어떤 조건을 전제로 한다.

가령 프로이트에 따르면, 예술에서 우리는 죽음의 우연적 성격을 강조하는 데 익숙해 있다.

> 불행한 사건, 전염, 고령이 그것인데, 여기서 죽음의 의미를 변형하려는 우리의 경향, 즉 그것을 필수적인 것이 아니라 우연적인 것으로 제시하고자 하는 경향이 드러난다(Freud, 1963: 122).

죽음을 '우연성'으로 바꾸는 이런 경향은 영화에서 거의 필수적인 법칙이다. 거기서는 무엇보다 자주 불행한 사건, 파국,

적의 총탄, 전쟁 등으로 죽는다. 십중팔구 죽음은 우연적이고 절정기의 젊음을 앗아간다. 이런 식으로 문화는 '죽음의 작업'과 죽음의 과정을 의식의 영역에서 제거하고 죽음의 우연적 성격을 강화한다. 프로이트가 지적하기를 예술에서 우리가 보게 되는 것은 "어떻게 죽을지를 알고 있는" 사람들인바, 바로 이 앎이 죽음의 우연성과 순간성을 전제한다.[1]

스크린 위의 죽음이 갖는 두 번째 측면은 다음과 같다. 우리는 죽음의 순간, 즉 총탄을 맞고 주인공의 몸이 쓰러지는 것은 보지만, 정작 시체는 보지 않는다. 마치 마법처럼 그것은 영화에서 사라진다. 영화 속의 죽음은 시체를 만들어내지 않는데, 이는 영화의 마법적이고 상징적인 성격을 강조한다. '영화가 만들어낸 산더미 같은 시체는 다 어떻게 되었을까'라는 질문은 누구의 머리에도 떠오르지 않는다.

죽음의 장면을 보여주는 대신 시체를 숨겨야만 하는 이 필요성은, 우리가 죽음과 접촉할 때 시각이 행하는 기능과 관련이 있다. 한편으로 현대의 인간은 죽음을 의식으로부터 없애버리려 한다. 죽은 자를 둘러싼 모든 현대적 제의와 장례의 발전 과정 전체가 이와 관련된다. 고인은 점점 더 적극적으로 가족으로부터 격리되어 병원에 보관된다. 병원에서 그는 죽음 전문가인 의사들에 둘러싸여 혼자 죽게 된다(<세컨드 서클>에서 의사는 말랴노프에게 말한다. "병원에 입원시켜야 합니다. 그렇게 되면 모든 것이 쉬워질 거예요"). 장례식은 점점 더 신속하고 형식

1 죽음에 관한 저서에서 장 보드리야르는 오늘날 자연스러운 죽음은 집단적 성격을 상실했기 때문에 의미를 잃었다고 언급했다. 전통 사회에서 자연스러운 죽음은 대개 집단적인 제의에 둘러싸여 있었던 것이다. "우리에게 고인이 있다. 그것은 단지 저 곳으로 가버린 사람이다. 그와는 더 이상 교환할 것이 없다. 그는 죽음 전까지는 브레멘이었다.…… 이것은 평평하고 단차원적인 죽음, 생물학적 노선의 끝, 의무 사항의 청산이다. 인간은 '혼을 놓아버렸고' 그것은 마치 구멍 뚫린 타이어, 알맹이 없는 껍데기와 같다. 이 얼마나 저열한가! 이때 모든 열정은 폭력적인 죽음에 집중된다. 거기서 어떤 희생, 즉 집단의 의지에 따른 모종의 현실 변형이 발생한다"(Бодрийяр, 2000: 292~293).

적이 된다. 죽음을 보지 않으려는 경향은 명백하다. 한편 반대로, 현대적 스펙터클의 필수적인 특징으로 죽음을 전시하려는 경향 또한 매우 강하다. 이 모순되는 경향, 전시하려는 경향과 감추려는 경향은 시각의 기능에 직접적으로 관련된다. 인간은 죽음을 직접 경험하지 못한다. 그는 단지 다른 이의 죽음을 구경하는 자로서 그것을 이해할 수 있을 뿐이다. 그러나 **구경꾼**의 자격으로 죽음에 참여하는 일은 마찬가지로 죽음을 **이겨내게끔**, 즉 그것을 허구로 **바꾸게끔** 허용한다. 현대 문화에서 죽음의 **은폐**가 그것을 **구경거리로 만드는 형식**을 취하게 되는 이유가 거기에 있다.

시체를 두고 하는 명상은 고인의 불멸을 확인하는 제의 과정에 포함되지 않는다. 반대로 그것은 죽음의 허구성에 대한 환상을 파괴하고 그 대신 죽음의 돌이킬 수 없음을 확증하게 될 것이다. 현대 문화와 현대의 인간에게 공포는 시체, 즉 돌이킬 수 없는 끝을 선언하는 부동의 신체에 연결된다. 오늘날의 구경거리가 우연적인 죽음을 열렬히 강조하는 대신 죽은 자를 숨기는 이유가 거기에 있다.

바로 이런 맥락에서 〈세컨드 서클〉과 다른 영화들, 즉 영화계에서 일반화된 코드에 따라 죽음을 재현하는 다른 영화들의 극단적인 차이가 드러난다. 소쿠로프는 죽음이 발생하는 순간을 제거하는 대신에 우리를 그것의 결과, 곧 주검과 마주하도록 했다. 그렇게 해서 문화의 가장 기본적인 마법적 메커니즘, 즉 시각의 기능을 통해 불멸을 확증하는 메커니즘이 무너지게 된다. **감독은 우리로 하여금 죽음에 대한 허구적 승리가 아니라 죽음 그 자체와 직면하도록 만들었다.**

제의

살아 있는 신체와 죽은 몸의 가장 기본적인 차이는 살아 있는 신체는 의도성을 갖는다는 사실이다. 그것은 세계를 향해 열려 있으며 세계와 상호 작용한다. 죽은 몸은 대상, 즉 사물로 바뀐다. 물론 대상도 때로는 의미론적 적극성을 띨 수 있으며, 살아 있는 것에 호소할 수 있지만 살아 있는 신체는 본능적으로 시체, 다시 말해 그것이 환기하는 무서운 힘의 영역을 거부해버린다. 산 자는 시체의 수동성을 강조해 그것을 부동의 대상으로 만드는 지경까지 죽음을 몰고 갈 수 있다. 그러나 "죽은 자를 (다시) 살해하며, 시체를 사물로 바꾸고, 그것을 세계로부터 단절시키는" 이런 상징적 절차는 **죽은 자의 기호화**라는 또 다른 절차를 동반한다. 이 과정은 바타유가 희생 제의를 예로 들어 분석한 적이 있다. 바타유는 희생된 동물이 '사물로' 바뀐다는 점에 주목했는데, (인간이) 그 동물의 몸을 먹게 된다는 점이 이미 그것을 증명한다. 하지만 동물을 죽이는 일이 **희생 제의**가 되기 시작하면서 모든 게 달라진다.

희생물로 바쳐진 동물이, 사제가 그 동물을 죽이도록 되어 있는 원 안으로 들어서면, 그것은 인간에게 닫혀 있으며 아무것도 아닌 세계, 인간이 단지 외적으로만 알 수 있는 사물들의 세계로부터 그에게 내적인 세계, 마치 섹스 중인 아내처럼 그에게 친숙한 다른 세계로 이동한다(Bataille, 1989: 59).

다르게 말하면 희생된 동물의 몸은 사물이기를 멈추고 기호가 되며, 다름 아닌 기호로서 그것은 인간에 의해 먹히는 것이다. 아마도 희생 제의가 죽은 몸에 기호성을 부여한다고 말할 수 있을 것이다. 희생 제의는 고인에게 취해질 수 있는 가장 극단적인 상징적 절차다. 다름 아닌 예수의 희생이 그에게 신적인 존재성을 확증했던바, 즉 그를 가능한 다른 의미들의 원천으로 만들었던 것이다.

신체-사물을 신체-기호로 바꾸는 것, 모든 죽음 제의, 특히 교회의 죽음 제의가 갖는 기능이다. 이런 제의에서는 가까운 지인들 앞에서 마지막 숨을 거두는 것에 커다란 의미를 부여하는데, 모종의 신비한 영(靈)과 같은 이 마지막 숨이 그들에게 전해진다고 보는 것이다. 모든 장례 제의, 특히 통곡의 절차는 마찬가지 기능을 수행한다. 그것은 상징적인 방식을 통해 허구적으로 삶을 재건하는 기능이다. 가령 바타유는 장례식에서 흘리는 가까운 지인들의 눈물은 "친밀함의 순간에 포착된 공통의 삶에 대한 날카로운 의식의 표현이다"(Bataille, 1989: 65). 눈물은 이별로서의 죽음, '지속'의 파열인 죽음의 순간을 유표(有表)화한다. 그러나 시간 속에 고착된 사물의 익숙한 존재에 발생하는 바로 이런 파열이, 정지와 중단의 순간에 삶의 본질을 드러낸다. 그것이 곧 기호가 출현하는 순간인바, 그것은 지속의 파괴, 존재의 중단을 통해 생겨나는 것이다. 장례제의의 다른 구성 요소들 역시 마찬가지로 작동한다. 그것들은 삶을 새로운 의미의 차원, 즉 기호적 차원 안에서 개시하기 위해, 삶을 중단시킨다.

그러나 바로 이런 변화, 즉 신체에서 기호로의 변화가 〈세컨드 서클〉에서는 일어나지 않는다. 아버지는 완전한 고독 속에서 죽는다. 아들은 죽음 앞에서 눈물 한 방울 흘리지 않는다. 영화에서 제시되는 제의성은 일반적인 경우와 완전히 반대되는 양상으로 나타난다. 가령 새로운 삶, 즉 대문자 기호로서의 부활(요컨대 육체성의 정화)을 향한 준비할 시체의 염은 주검에 대한 야만적인 훼손 행위(시체는 마당으로 끌어내진다)로 표현된다. 이는 물론 집 안에 물이 없다는 사실로 동기화된다. 하지만 단순한 논리에 따르더라도, 시체를 끌어내는 것보다는 눈을 퍼 집 안으로 들여오는 것이 더 합당할 것이다. 이런 불합리함의 의미는 단 하나다. 신체를 마치 사물처럼 다루는 것, 그러니까 시체를 기호로 승화시킬 그 어떤 가능성도 배제해버리는 것이다.

이 점에서 특별히 흥미로운 것은, 공격적이고 냉담한 여자 관리가 체현하고 있는 이른바 '제의 서비스'와 관련된 모든 사항이다. 그녀의 행동들은 제의의 의미를 완전히 뒤집어놓고 시체의 온전한 사물적 성격을 강조한다. 마치 그녀는 사물을 다루듯 불경스럽게 신체를 다루는 짓을 조직적으로 수행하고 있는 듯하다. 그녀는 시체를 이리저리 끌고 다니고 거칠게 뒤집는다.

이 영화에서 제의는 신체를 기호로 바꾸지 않는다. 그것은 결정적으로 신체를 사물로 바꿔놓는다. 그것은 죽음의 승화에 복무하는 대신, 죽음의 사화(死化)에 복무한다. 그것은 영원을 향한 길로서 죽음을 체험하도록 허용하지 않는다.

봄과 맹목

소쿠로프에게 아버지의 몸은, 사물이다. 그 사물은 다른 사물들 가운데 자리한다. 아마도 행위가 펼쳐지는 아파트는 비어 있으며, 거기에는 소비에트적 일상의 궁핍함이 서려 있다. 그러나 이 공허함을 채우고 있는 것은 사물들이다. 낡은 가구, 그릇, 더러운 걸레 들이다. 이 사물들 역시 각자의 자리에서 죽어 있다. 그들은 자신들을 만든 어떤 살아 있는 인간적 노동으로부터 소외되어 있다. 그들은 갈 데까지 갔다. 이것은 죽어버린 사물들, 시체를 집어삼킨 사물들의 세계다.

타인의 최후를 보여주는 구경거리로 죽음을 바꾸어놓는데 그토록 중대한 역할을 하는 시각이 소쿠로프에게서 억압된다는 점 또한 본질적이다. 영화의 구조는 마치 시각이 옥죄여 있는 것처럼 구성되어 있다. 사물들은 신체를 집어삼킬 뿐만 아니라 그것을 볼 수 없도록 막아서고 있다. 영화의 첫 장면,

눈으로 주검을 씻는 장면

말랴노프가 죽은 아버지를 발견하는 대목에서 그의 얼굴은 더러운 그릇들이 놓인 책상에 가려 관객에게 보이지 않는다. 빈 케피르 병과 프라이팬이 몸이라는 구경거리를 가려버린다.[2] 아버지의 주검을 침대의 헤드보드가 가리는가 하면, 문짝이 막아선다. 심지어 아무것도 가리지 않을 때는 카메라가 뭔가 불편한 '원거리'의 시점을 취해버린다. 가령 눈[雪]으로 (주검을) 씻는 그로테스크한 장면에서 그러하다.

　카메라의 그와 같은 입지를 관객에게 트라우마를 주지 않으려는 소쿠로프의 기지로 간주한다면 잘못이 될 것이다. 오히려 그 반대다. 그것은 자유로운 관객의 시각을 향한 독특한 공격인바, 관객의 시각은 여기서 상처를 입고 축소되며 꽉 눌리게 된다. 감독은 우리로 하여금 관객이 될 수 없도록 만든다. 즉, 관객이라는 단어가 전제하고 있는 외적인 사변자의 편안함을 허락하지 않는 것이다. 영화에서 주검의 제시는 완전

2 이상하게도 주검을 가리는 이 사물들의 카오스는 나름대로 알렉산드르 사닌(Alexander Sanin, 1869~1956)의 영화 <폴리쿠슈카>의 시학을 창조한다.

히 독특한 원칙들에 종속된다.

문제는 살아 있는 육체란 스크린 위에서 앞으로 나가려는 지향을 갖는다는 점이다. 그것은 마치 스스로 자기 자신을 제시하기 위한 자유로운 공간을 조직화하는 것처럼 보인다. 심지어 열린 문이나 창문을 통해 찍은 숏이 지배적인 영화의 경우에도, 이런 관음적인 숏들은 다른 쪽 방에 꽉 찬 공간 즉 우리에게 제유적으로 제시되는 공간이 있다는 착각을 만들어낼 수 있도록 구축된다. '전체 대신에 부분을 제시'하는 이런 방법은 때로 장애물의 반대편에 독특한 공간의 지평이 있다는 착각을 만들어낸다. 소쿠로프는 이와는 다른 방식을 쓴다. 여기서 공간은 중립적인 '무대 밖'의 공간에 의해서가 아니라 사물들, 즉 신체를 삼키고 부피를 억누르는 사물들에 의해 옥죄어진다.

신체는 여러 이유로 공간을 필요로 한다. 첫째로 영화에서 몸은 구경거리로 제시되기 때문에 그것이 온전히 재현되기 위해 부피를 필요로 한다. 메를로퐁티(Merleau Ponty)는

본다는 것, 이것은 스스로를 제시하는 사물들의 세계로 들어감을 의미한다.…… 내가 책상 위에 놓인 램프를 볼 때 나는 내 관점에서 발견한 자질들뿐 아니라 벽난로, 벽, 책상이 각자의 관점에서 '볼 수' 있는 것 또한 그 램프에 부여한다. 내 램프의 뒤쪽, 이는 그것이 벽난로를 향해 '내보이고 있는' 얼

굴과 다르지 않은 것이다(Merleau-Ponty, 1981: 82; Мерло-Понти, 1999).

라고 지적했다.

우리의 지각에 주어지는 신체는 자신의 가시적 측면과 비가시적 측면의 총합인바, 이는 언제나 공간적 부피 안에서의 신체인 것이다.

두 번째로 살아 있는 육체는 완전히 독특한, 존재의 자족적 부피를 필요로 한다. 어빙 고프먼(Erving Goffman)은 이를 가리켜 '인격적 비접촉의 지대(personal reserve)'라고 불렀다(Goffman, 1967: 63). 메를로퐁티는 중대한 관찰을 했다.

내 팔이 탁자 위에 놓여 있다고 했을 때, 나는 재떨이가 전화기 옆에 놓여 있는 식으로 내 팔이 재떨이 옆에 놓여 있다고 말할 수 없을 것이다. 내 몸의 윤곽은 일반적인 공간적 관계들이 통과하지 못하는 경계선이다. 문제는 그것의 부분들이 특별한 방식으로 상호 관련된다는 점이다. 그들은 서로 나란히 펼쳐지는 것이 아니라 하나가 다른 하나에 포개져 있다(Merleau-Ponty, 1981: 114).

손은 책상 위의 재떨이와 관련되는 것이 아니라, 그것이 손이 속한 신체의 **부피**와 관련된다. 그것은 마치 자신의 신체의 캡슐로 싼 공간 안에 존재하는 것과 같다.

소쿠로프는 신체의 부분들이 다른 사물들의 한가운데 나타나도록 하는 방식으로 신체의 재현 공간을 조직화하는 데 성공했다. 즉, 아버지의 다리는 걸상 **옆에** 놓여 있는 식이다. 몸은 시각이 요구하는 부피를 잃고서 개별 부분들로 흩어져 버리고, 그럼으로써 자족적인 재현 공간으로부터 떨어져 나오게 된다. 영화에서는 그와 같은 공간을 창조하기 위해 일련의 기법들이 사용되는데, 가장 중요한 것으로 독특한 시점과 렌즈의 선택이 있다(촬영 감독은 부로프다). 이는 각각의 대상을 '이어붙이는' 것을 허용한다. 가령 말랴노프가 자고 있는 장면은 특징적이다. 그의 뺨은 쓰레기와 빈 병들이 가득한 책상에 기대고 있는 것처럼 보인다. 그의 머리가 갑자기 움직이고, 우리는 그가 책상 뒤에 놓여 있는 침대에 누워 있음을 깨닫는다. 말랴노프가 일어섰을 때, 같은 자세로 누워 있는 아버지의 머리가 나타난다. 살아 있는 자와 죽은 자, 사물들이 그런 식으로 서로 결합되는바, 마치 그들을 나누어놓는 공간을 '압축하는' 듯하다. 〈세컨드 서클〉은 시각이 구경거리를 위한 공간적 부피를 전제로 한다는 의미에서 볼 때, 시각이 제거된 영화다. 구경거리의 몰락, 이는 신체를 사물과 구분하는 윤곽선이 사라진 결과다. 우리 앞에 놓인 것은 **맹목의 지대들**을 지닌 영화인 것이다.

접촉

사물 속에서 신체를 용해시켜버리고 경계로서의 윤곽선을 제거해버리는 것은 영화의 시학에 근본적인 국면을 도입하는데, 나는 그것을 촉각성으로 정의하고자 한다. 신체의 구경거리적 특성은 여기서 접촉에 자리를 내준다. 과연 우리는 아버지의 시체를 거의 보지 못하는 대신 다양하게 시체를 처리하는 장면들, 즉 그것을 만지는 과정들에 함께하게 된다. 가령 아버지의 옷을 벗기는 에피소드나 말랴노프가 얼음주머니를 아버지의 가슴에 채워 넣는 장면 등이 영화에서 그토록 중요한 위치를 차지하는 이유가 바로 거기에 있다. 하지만 아마도 영화에서 가장 중요한 장면은 초반부, 아들이 아버지의 몸에 다가가서 우리에게는 보이지 않는 — 시체는 프레임의 하단부 바깥에 놓여 있다 — 모종의 조치를 취하는 장면일 것이다. 본질상 우리의 주의를 끌고 있는 것은 명백하게 전면화된 순수한 접촉의 과정이지만 그것이 시각적 맹목의 지대에서 펼쳐지고 있는 것이다.

고인에 대해 명상하는 것과 그를 만지는 것은, 원칙적으로 상이한 내용을 갖는 행위다. 일반적으로 시각은 우리에게 낯선 어떤 것의 장면을 제공한다. 인간은 결코 자신의 얼굴을 볼 수 없다. 심지어 거울에서도 그것은 타인의 얼굴로 나타나는 것이다. 하지만 접촉은 다른 문제다. 감촉은 완전히 특별한 성격을 갖는다. 이를테면 인간이 책상을 만질 때, 책상은 마치 동시에 인간을 만지는 듯하다. 이 때문에 인간은 접촉의 행위에서 주체(만지는 자)로 나타나는 동시에 객체(만져지는 자)로도 나타나는데, 그는 그 자신이면서 동시에 그 자신을 위한 타인(객체)이 되는 것이다. 사물들의 세계는 접촉 속에서 또한 객체이자 주체가 된다. 책상은 손을 만지면서 주체로 바뀌고 단지 사물이기를 멈추는 것이다.

이와 같은 생각은 시체를 만질 때 사람들이 일반적으로 경험하는 전통적인 공포를 이해하는 데 있어 중요하다. 잘 알려져 있듯 죽은 사람에 대해 생각하는 것은 그를 만지는 것보다 훨씬 덜 공포스럽다. 시체를 건드림으로써 사실상 우리는 그것이 우리를 건드리도록 허용하게 되는 것이다. 촉각성을 통해 죽은 자는 자신의 부동성, 죽어 있음, 무거움을 드러내는 동시에 다른 한편으로, 갑자기 나를 만지면서, 그것의 끝없는 비존재로부터, 무시무시한 사물성으로부터 나에게 손을 내미는 것 같다.

순수한 구경거리에는 물론 이와 같은 것이 없다. 거기서 시각은 시체를 완벽하게 죽은(차갑게, 굳어버린 사물과 같은) 것으로 만들지도 않으며 부재의 심연으로부터 접촉의 행위를 통해 살아오도록 만들지도 않는다.

다른 어떤 감각보다도, 촉각은 시체를 만지는 사람을 마비시킨다. 그것은 시체와 접촉하게 함으로써 죽은 자와의 근접에서 오는 공포의 감정을 경험시키는 것이다. 촉각성, 그것은 죽은 자를 나 자신의 내부를 가져오기 위한 가장 강력한 수단이다. 이런 점에서 그것은 죽은 자를 기호로서 편안하게 '소화하는' 방식에 대립된다.

〈세컨드 서클〉에서 촉각성의 효과는 시각의 폐쇄만으로 달성되지 않는다. 그것은 또한 영화에서 음향과 명암의 모든 세심한 유연함에 의해 달성된다. 〈세컨드 서클〉에서 화면의 생생한 질감은 맹목의 지대라는 콘텍스트상에서 마치 신체를 시각적으로 만지는 듯한, 거의 생리학적인 효과에까지 이르고 있다.

이와 관련해 언급해야 할 또 하나의 본질적인 국면이 있다. 아버지의 신체는 많은 경우 천으로 덮여 있다. 이 천은 그의 몸을 덮고 가로지르며 만져댄다. 그것의 외양은 다름 아닌 촉각성의 외양이다. 왜냐하면 접힌 형태(즉 접촉의 자국)를 통해 우리가 천 아래에 숨겨진 몸의 형태를 재건할 수 있기 때문이다. 예를 들면, 엘 그레코(El Greco)나 잔 베르니니(Gian Bernini) 같은 바로크 예술가들이 아마포 위에 신체의 변형 효과 즉 그것의 탈물질화와 기호화를 담아내고자 애쓰면서, 무엇보다 먼저 옷 주름의 정확한 미메시스적 재현과 그것들의 신체와의 관련성을 거절했다는 점이 흥미롭다(Perniola, 1989: 253~255). 미메시스적으로 육체 위를 흐르고 있는 천은 촉각성의 시각적 메타포로 판명되었다. 신체의 윤곽을 덮고 있는 천, 신체의 대상적 현전을 표현하고 있을 뿐인 그것은 곧 접촉을 향해 열려 있다. 그것은 산 자 속으로 들어가서 그와 섞일 준비가 되어 있다. 있다. 바로 그것이 죽음의 공포인 것이다.

시뮬라크르

하지만 말랴노프가 애쓰며 다루고 있는 이 시체란 것은 대체 무엇인가? 그것은 인간인가? 어떤 의미에서는 물론 그렇다. 그것은 인간의 신체다. 그것은 인체를 보존하고 있으며 인간의 얼굴을 하고 있다. 그러나 다른 한편으로 그것은 인간이 아니다. 만일 생명을 인간적인 것의 근본적인 자질로 간주한다면 말이다. 생명이 없는 육체, 그것은 단지 인간의 외적 형식일 뿐이다. 만일 이런 표현이 가능하다면, 그것은 인간의 물리적인 모방체 즉 시뮬라크르다.

시뮬라크르, 이것 역시 나름의 기호다. 이 경우 그것은 인간에 대한 부동의 외적 기호가 된다. 그러나 다른 기호들, 이를테면 희생 제의에서 육체가 변화되는 기호와 달리 그것은 내면화될 수가 없다. 즉, 자기화되어 소통의 수단이 될 수가 없는 것이다. 이것은 특수한 기호인바, 말하자면 자연적인 것이 없는 상태에서 자연스러운 것을 모방한 결과다. 장 보드리야르의 표현을 빌리면, 시뮬라크르는 유비(類比)의 타성을 실현하면서 '기의의 총제적인 중립화'(Бодрийяр, 2000: 133)를 과시한다. 따라서 시뮬라크르는 언어의 영역에 도입될 수 없는, 자기화될 수 없고 말해질 수 없는 기호다. 그것은 차이 없이 생각될 수 없는 상징적이고 표현적인 영역과 관계하지 않는다. 그것은 무엇보다 먼저 차이의 부재를 선언하는 것, 즉 동일성의 왕국과 다르지 않다. 여기서 말하는 동일성이란 단지 닮음이 아니라 대상이나 존재에게 지속될 수 있는 능력, 특정한 이름에 해당할 수 있는 능력을 부여해주는 모종의 안정성과 불변성으로 이해되어야만 한다. 시뮬라크르는 언제나 부분적으로 죽음의 영역과 관계한다. 시체는 살아 있는 몸의 시뮬라크르인데, 이는 그것이 닮아서뿐만 아니라 자신의 불변성 속에서 동일성의 지배를 실현해주고 있기 때문이다.

1759년 애덤 스미스(Adam Smith)는 모방의 기호적 역할에 문제를 제기하면서 하나의 대상(하나의 육체)은 절대로 다른 대상의 복사본으로 간주될 수 없다고 주장했다. 그에 따르면

가령 지금 이 순간 내 앞에 놓인 양탄자를 가장 완벽하게 모방한 양탄자란 무엇이겠는가? 물론 가능한 한 똑같이 제작한 또 다른 양탄자일 것이다. 하지만 두 번째 양탄자의 아름다움과 장점이 어떤 것일지라도 그것을 첫 번째 양탄자의 모방으로 설명할 수는 없을 것이다(Хатчесон et al., 1973: 421).

라고 한다.

스미스에게 하나의 말[馬]이 다른 말의 모방이 될 수 있다는 생각은 더욱더 부조리한 것으로 여겼다. 이로부터 그는 '자연이 내려준 대상들'이라는 법칙을 끌어내는데, 그것들은 '개

별적이고 독립적인 것들'(Хатчесон, 1973: 424)로 간주되어야 했다. 살아 있는 육체는 또 다른 살아 있는 육체의 복사본이 될 수 없다. 왜냐하면 그것은 살아 있고, 변화하며 그로써 시뮬라크르의 동일성을 파괴하기 때문이다.

그러나 시뮬라크르를 발생시킨 현대 문명은 스미스의 이런 테제를 거부한다. 현대인의 몸은 점점 더 자주 다름 아닌 시뮬라크르로 나타나는바, 그것은 모종의 이상적인 육체의 모방이 되는 것이다. 바로 이로부터 **자연스러움을 모방**하는 각종 여성용 화장술과 건강과 젊음을 모방하고자 하는 선탠 및 헬스클럽의 숭배가 나온다. 광고와 영화는 시뮬라크르의 거대한 영역이 되었다.

우리 문명의 이 모든 보편적 경향하에서 죽은 자는 산 자의 시뮬라크르가 된다. 이를 무엇보다 잘 보여주는 예는 시체의 방부 처리와 화장술이다. 전통 문화에서 시체는 살아 있는 육체의 시뮬라크르가 아니었는데, 즉 바로 산 자와의 관계에서 '개별적이고 독립적'이었던 것이다. 낭만주의자들이 '죽음의 미'를 발명한 이후에야 시체 방부 처리는 고통의 흔적을 감추고 육신에 죽음의 미를 부여하기 위한 방편이 되었다. 필리페 아레스(Philippe Ares)는 "죽음의 형상을 고정시키는 것이 문제였다. 아름다운 시체, 하지만 여전히 시체인 그것"(Aries, 1977: 196; Арьес, 1992)이라고 지적했다.

그러나 19세기 말 미국에서 장례식을 위한 완전히 다른 종류의 시체 준비 절차가 생겨났다. 그것은 근본적으로 화장술의 성격을 갖고 있는(시체에서 죽음의 흔적을 찾을 수 없도록 만드는) 대대적인 시체 방부 처리와, 살아 있는 것처럼 화장하는 것을 말한다. 이제 시체의 머리를 빗기고 입술에는 립스틱을 바르게 되었다. 이제 더 이상 문제는 죽음의 형상을 고정시키는 것, 살아 있는 육체와의 이상화된 차이를 부여하는 것이 아니게 되었다.

> 오늘날 사후 화장의 목적은, 죽음의 특징들을 감추려는 것,
> 그리고 시체에 친숙하고 즐거운 삶의 특징을 유지시키려는
> 것이다(Aries, 1977: 196).

시체는 이제 살아 있는 육체를 모방하고 그것을 흉내 내기 때문에 시뮬라크르가 되었다. 그것은 이 때문에 '개별적이고 독립적인' 것이기를 그만두었으며 복사물이 되었다. 어떤 의미에서 연극과 영화는 이 경향과 관계가 있다. 화면 속에서 죽은 자는 대개 살아 있는 배우들에 의해 '연기되므로', 그들은 삶의 기쁨에 찬 모방의 모델이 된다. 만일 영화에서 살아 있는 배우가 고인을 '연기한다'면, 삶 속에서는 고인이 살아 있는 사람을 '연기하기' 시작한다. 바로 이로부터 오늘날의 시체들의 명백한 연극성이 나온다.

〈세컨드 서클〉에는 시뮬라크르의 문제를 둘러싼 두 개의

시체에 방부 처리를 하고, 화장시키는 장면

에피소드가 있다. 첫 번째는 시체 방부 처리사에 의해 곧장 마룻바닥에서 행해지는 시체 방부 및 화장 장면이다. 시체 방부 처리 과정에서 육체는 개복되고, 시체는 삶을 모방하려는 목적하에 마치 시간의 권력으로부터 끌어내진 것과 같다. 부패를 늦추는 약품이 몸 안에 넣어진다. 시체에 화장을 하는 과정에서 삶의 연극적인 그럴듯함이 피부에 덮인다. 이 에피소드는 장례 절차를 담당하는 담당 여공무원의 출현과 함께 살펴져야 하는데, 짙은 화장을 한 그녀는 살아 있는 육신의 연극성을 강조하는 동시에 시뮬라크르와 그것의 역설적인 근접을 표현해준다. 관청에서 나온 여인은 그 자체로 사자(死者)의 이상형이 걸어 다니는 모델인 것만 같다.

이 모든 장례 준비의 과정들은 말랴노프 아버지의 아파트를 지배하는 전반적인 죽음의 공기 속에서 특히 더 기괴하게 보인다. 이 모든 과정들, 전통적으로는 보는 사람 없이 진행되어야 할 이 과정들(이런 감춤은 '연극적 환영'의 유지를 위해 필수적이다)이, 이번 경우에는 (방부 처리사의 부주의로 인해) 살짝 열려진 문틈으로 보인다는 점도 본질적이다. 우리는 아버지의 얼굴을 '분장 하는' 과정에서 사람들이 계속해서 고인을 뛰어넘어 다니는 모 습을 보게 된다. 그리고 이 '장애물' 뛰어넘기는 결정적으로 현 재 진행되는 절차의 의미를 허물어버릴 수 있다. 시뮬라크르는 인공성의 허물을 벗게 되고, 시체에 삶의 징표를 주려는 시도 는 삶의 세계로부터 소외된 아버지의 육체를 더욱 강조해줄 뿐 이다.

시뮬라크르로 변해버린 시체는 자신의 기호적 특성 때문에 모든 종류의 '내용적이고' 상징적인 처리에 대립한다. 그것은 숭고화될 수 없고 상징적인 것을 통해 극복될 수 없다(그러므로 아들이 거의 실어증에 가까운 상태인 것은 우연이 아니다). 그것은 재 귀적인 반복 이외에 어떤 다른 의미도 자신 안에 담지 못한다. 그것은 순전히 외적인, 즉 연극적이고 표층적인 독해의 대상이 된다. 살아 있는 것이 되지 못한 채 그것은 죽음의 자질을 상실 한다. 그것은 살아 있는 것으로도 죽은 것으로도 끝까지 읽히지 못한 채 단지 낯선 모방으로 남을 뿐이다. 자크 데리다(Jacques Derrida)는 모방으로서의 미메시스에 지시체를 갖지 않는 흉내 내기를 대립시킨 바 있다. 이 유희는 지시체 없는 차이, "혹은 더 정확하게 제3자 없는 절대적으로 외적인 것, 즉 내부 없는 차이를 만들어낸다. 흉내는 지시체를 흉내 낸다. 그것은 모방자가 아니다. 그것은 모방을 흉내 낸다"(Derrida, 1972: 270). 이상한 일이지만 시체도 흉내를 낼 수 있다. 그것은 삶과의 차이를 표현하지만 그 모방은 지시체를 갖지 않는다. 그것은 순수한 흉내 내기다. 시체의 얼굴을 뚫어져라 쳐다볼 수 있지만(말랴노프가 그렇게 한다), 그로부터 의미를 끌어낼 수는 없다.

시체 방부사가 일을 보조하는 어린아이를 데리고 다니는 것은 흥미롭다. 죽음과 친숙한 어린아이는 말랴노프가 병원에서 아버지의 사망진단서를 받는 장면에서도 등장한다. 이 에피소드들에서 아이들의 역할은 양가적이다. 우선 그것은 죽음의 끔찍한 유희적·연극적·'모방적' 성격을 강조한다. 시뮬라크르-신체는 일종의 무시무시한 장난감 인형이 된다.

하지만 〈세컨드 서클〉에서 아이들의 의미는 더 넓다. 제프리 고러(Geoffrey Gorer)는 『죽음의 포르노그래피』에서 20세기에 죽음이 터부가 된 것은 섹스의 영역에서 터부가 제거된 것과 맥을 같이한다고 지적한 바 있다(Gorer, 1995: 192~199).

과거에 아이는 어떻게 아이가 생겨나는지 모르는 대신, 장례식에 참석할 수 있었다. 오늘날은 모든 것이 반대다. 사랑의 비밀을 일찍 깨우치는 대신 죽음, 일종의 새로운 '포르노그래피'로 변한 죽음의 문제에 있어서만은 완벽하게 차단되어 있다. 시체 방부 처리 작업 과정에 아이가 동반되는 것은 이런 금지의 끝을 표상하는 것이 아니다. 오히려 그것은 시체의 변형을 표상하는 것으로서, 이제 시체는 죽음에 참여하기를 멈추고 진정으로 포르노그래피적인 '문화화된' 볼거리가 되었다. 포르노에서 벗은 몸이 진정한 생리학적 신체가 아니라 사랑을 모방하는 시뮬라크르에 불과한 것과 마찬가지다.

두 번째 에피소드는 영화 전체에서 가장 인상적인 장면 중 하나다. 정말 자신 앞에 있는 것이 한때 자신의 아버지였던 존재가 맞는지 납득이라도 하려는 듯이, 아들이 주의 깊게 시체의 얼굴을 쳐다보는 장면이다. 이 장면의 서두에서 그는, 진짜인지 검사라도 하려는 듯이, 심지어 시체의 눈꺼풀을 손가락으로 젖혀보기까지 한다. 촬영 중에 소쿠로프는 모방의 정확한 자연주의에 지대한 의미를 부여했다. 아버지의 몸은 그의 주문에 따라 시체의 무시무시한 자연주의적 복사물로 제작되었다. 그러나 그는 얼굴과 관련해 이보다 더 나아갔던바, 아들의 화장한 얼굴의 홀로그램을 고인의 얼굴로 사용했던 것이다. 아들 말랴노프의 얼굴 자체도 두텁게 메이크업한 복사물의 형태, 즉 홀로그램으로 제시된다. 그 결과 감독은 거의 미로와 같은 시뮬라크르의 퇴적층을 얻는다. 사진의 부동성은 홀로그램 안에서 부피를 갖게 되고, 카메라의 미세한 움직임과 고인의 두꺼운 화장(이는 방부 처리사의 '살아 있는 화장'과 연결된다)은 그러한 효과를 배가시킨다. 그러나 무엇보다 본질적인 것은 죽은 시뮬라크르들의 유희가 모방과 복사의 대상이 되는 살아 있는 얼굴, 즉 영화의 주인공인 아들의 얼굴을 두고 이루어지고 있다는 사실이다.

죽은 아버지는 그가 부패와 비존재의 자질을 최대한 온전히 드러낼 때 진정한 살아 있는 몸의 시뮬라크르가 된다. 살아 있는 자, 아들은 죽은 자의 복사물이 된다. 이 에피소드가 불러일으키는 충격적인 인상의 원인이 바로 여기에 있다. 그것은 영화의 모방적이고 재현적인 가능성을 십분 활용하면서도 일반적으로 받아들여지는 규범을 완전히 위반하고 있다. 여기서는 살아 있는 배우가 죽은 자를 모방하는 것이 아니라 죽은 자에 대한 묘사가 살아 있는 인간을 모방한다. 에피소드는 본질상 그 어떤 연극적 트릭도 없이, 아마도 자신의 죽음의 심연으로부터 죽은 아버지가 살아 있는 자(아들)를 연기하도록 설정되어 있는 것이다.

그렇게 해서 첫 번째 에피소드에서 시뮬라크르가 고인을 살아 있는 자를 재현하는 인형으로 바꾸어놓는다면(그리고 이를 통해 더욱 삶으로부터 소외된다면), 두 번째 에피소드에서는 죽은 자와 산 자의 동일시가 가능하도록 하는 이 모든 소외와 동일시의 '유희'가 복잡한 모방의 전략, 다름 아닌 '유사-차이'의 메커니즘을 기초로 일어난다. 그것의 효과는 말로 표현될 수 없다. 그것은 죽음의 경험 영역에 닿아 있는바, 희생 제의에서와 같이 우리를 기호와 접촉시키는 것이 아니라 시뮬라크르의 텅 빈 껍데기를 전제하는, 유사함과 불변성의 차가운 미로로 이끈다.

흔적

화장과 시체 방부는 몸 안에서 죽음의 흔적을 제거하기 위해서, 즉 죽음의 과정을 위장하기 위해서 도입된다. 미셸 푸코(Michel Foucault)는 인간 유기체에 대한 관계의 근본적 격변은, 질병을 인간의 육체에 흔적을 남기는 죽음의 작업으로 발견해내는 것을 통해 이루어졌음을 밝혀낸 바 있다. 이로 인해 몸에 남은 흔적은 '죽음의 징후'로 바뀌었고, 이는 '죽음의 통사', 과정, 연대기로 이끄는 동시에 관찰자의 시각에 **죽음에 대한 지식**을 열어주었다. "죽음은, 그렇게 해서, 복수적이며 시간 속에서 뻗어나가는 어떤 것이 되었다. 그것은 시간이 거꾸로 돌아가기 위해 정지하는 절대적이고 특별한 순간이 아니다. 질병과 마찬가지로 그것은 분석이 시간과 공간으로 나눌 수 있는 충만한 실재를 지닌다……"(Foucault, 1963, 144: Фуко, 1998: 218, 221)라고 푸코는 적었다.

이 관찰은 영화에 매우 중요한데, 왜냐하면 그것은 영화에 특징적인, 순간적 죽음의 의미를 설명해줄 수 있기 때문이다. 영화는 죽음을 '절대적이고 특별한 순간', 말하자면 인간적 지식이 통과할 수 없는 모종의 경계로서 복원한다. 영화에 허용되는 유일한 죽음의 흔적, 그것은 상처다. 하지만 그것은 결코 죽음의 진짜 징후인 몸 위에 남겨진 부패한 얼룩이 아니다. 상처, 그것은 순간과 파열의 기호다. 그것은 외적이고 (우연적인) 원인에 의거하며 그럼으로써 유기체 내부에서 작동하고 있는 죽음의 작용을 제거한다. 죽음에 의해 수행되는 분해는 푸코에 따르면 지식의 획득과 친연적인, 분석적 작용이다. 그러므로 분석을 통해 죽음을 전유하는 것은 죽음 자체의 파괴적 작용과 이질동상이다. 푸코가 분석가의 시선을 두고 "죽음이란 응시하는 눈의 시선, 삶을 풀어헤쳐 버리는 크고 흰 눈"(Foucault, 1988: 147)이라고 적었던 것은 바로 그 때문이다.

상처는 분석을 위한 자리를 남겨놓지 않는다. 그것은 죽음에 대한 지식을 무효화하고, 이를 통해 영화의 일반적인 과제에 답한다. 이뿐만 아니라 상처는 몸을 열어놓는다. 조르주 디디위베르만(Georges Didi-Huberman)의 견해에 따르면, 그것은 몸 안에서 육(肉), 즉 기호적이고 상징적인 어떤 것을 드러낸다. 십자가에 못 박힌 그리스도의 몸에 남은 성흔이 그토록 중요한 이유가 거기에 있다. 그것은 "모방의 세계에서의 파열, 몸의 외피 안에서 이루어진 육의 열림"(Didi-Huberman, 1990: 222)이라고 할 수 있다. 죽은 몸의 묘사는 시뮬라크르인데, 그것의 총체성을 파괴하는 것이 바로 상처라고 말할 수 있다. 상처는 시뮬라크르의 텅 빈 모방적 위상에 파열을 내는 듯하다. 그것은 징후로 바뀌는바, 물론 그것은 부패한 얼룩, 죽음의 징후가 아니라 육의 징후다. 그것은 변형, 몸이 기호로 바뀌는 변형의 징후인 일이다.

〈세컨드 서클〉의 몸에는 상처가 없다. 있는 것은 죽음이 작용한 흔적, 즉 얼룩이다. 그것은 죽은 자와 아들의 얼굴에서 모두 발견된다. 아들은 마치 비존재에 전염이라도 된 것처럼 자기 내부에, 자기 피부에 그것을 갖고 있다. 이런 의미에서 그는 욕창과 검버섯을 띤 아버지의 분신이 된다. 방부 처리와 '분장'이 그것들을 감추고 있다. 그 결과 몸은 시뮬라크르가 된다. 그것은 자신의 본질을 감추고 죽음의 지식에 이르는 길을 막는다. 그리고 이를 통해 화장(火葬)을 예비한다. 만일 푸코를 따라 죽음이 지식에 이르는 길이라면, 죽음의 모방(심지어 고인의 경우에도)은 우리의 이해를 정지시킨다. 지식은 삶의 정지를 통해서뿐 아니라 언제나 그것을 동반하는 위협, 즉 시뮬라크르적인 동어 반복을 극복하는 것을 통해서도 주어진다. 화장, 시체를 태우는 일은 무엇보다도 먼저 흔적과 징후를 제거하는 것이다. 소쿠로프가 화장 장면을 보여주지 않는 것은 본질적이다. 고인은 그저 관에 실려 폭풍우 이는 밤에 어디론가 실려 간다.

그 대신에 상징적인 화장은 영화의 맨 마지막에 등장한다. 말랴노프가 형편없이 먼지 낀 드럼통에다 아버지의 침대보를 태우는 장면이 그것이다. 감독은 우리에게 이 침대보와 그것을 '화장'하기 위한 과정을 상세하게 보여준다. 무시무시한 검버섯이 핀 아버지의 피부를 닮은 이 침대보에 마치 그 부패한 얼룩들이 옮겨 앉은 듯하다.

나는 이미 접촉의 기호로서의 천의 역할에 대해 말한 바 있다. 이 마지막 에피소드에서 천은 또한 흔적의 담지체로 등

3 이탈리아에서 '베로니카의 베일'을 '볼토 산토(Volto Santo)'라고 부르는데, 이는 성스러운 얼굴(holy face)이라는 뜻이다. 이와 관련된 전설은 예루살렘에 살던 베로니카라는 여인이 골고타 언덕을 오르는 그리스도에게 다가가 가지고 있던 수건으로 얼굴을 닦아주었고, 그때 수건에 예수의 얼굴 흔적이 그대로 새겨졌다는 것이다. 즉, 닮게 그린 그림이 아니라 신성의 직접적인 자취를 뜻하며, 이는 러시아 성상화(icon)의 유래와도 연결된다. - 옮긴이

4 몇몇 연구자들은 심지어 천의 결에서 그리스도의 정액을 발견하기도 했다. 이는 의학적 견해에 근거해 사형수에게서 나타나는 발기와 사정의 결과로 해석할 수 있다. 불분명한 얼룩-징후는 모든 연대기를 재구축할 수 있도록, 죽음을 그것의 순차성 안에서 과정 및 작용으로서 제시할 수 있게 해준다. 디디위베르만은 '부재하는 상처의 지표(얼룩에 관한 모노그래피아)'라는 생생한 제목을 단 논문에서 이 천 조각이 "각각의 모든 얼룩을 육체적 접촉을 통한 드라마틱한 사건의 매 순간과 관련시킬 수 있고…… 고통의 모든 제의적 순간들을 재구할 수 있도록" 허용한다고 지적했다(Didi-Huberman, 1988: 158).

장한다. 다름 아닌 그것 위에, 방부처리사가 몸에서 앗아간 바로 그 죽음이 새겨져 있다.

천에 새겨진 이 얼룩은 우리를 기독교 전통의 천, 즉 베로니카의 베일3과 토리노의 수의로 이끈다. 이들은 죽은 그리스도의 흔적, 그 자취를 담고 있는 것이다. 토리노의 수의는 그 위에 새겨진 무질서한 얼룩을 상흔의 자취와 연결 짓고자 하는 집요한 연구의 대상이 되어왔다.4

〈세컨드 서클〉에서 천에 새겨진 흔적은 영화의 마지막까지 전해져 오는, 죽음의 작용의 유일한 흔적이다. 그것은 죽어가는 아버지의 침상에 너무 늦게 도착한 아들이 발견한 것으로 우리는 그것을 볼 수 없었다. 이는 벌어진 비극에 관한 가장 생생한 담지체다. 그리고 바로 그렇기 때문에 시체의 화장이 아니라 이 침대보를 태우는 일이 이 영화의 특별한 자리를 차지하는 것이다. 천 조각과 함께 불길 속에서 지식이, 흔적이, 그리고 자신의 파괴적 작용 속에서 죽음이 사라져간다. 마치 통곡이 파열 안에서 기호를 조직하기 위해 삶의 지속성을 멈추게 하듯이, 천에 새겨진 얼룩은 기호-징후 안에서 죽음의 지속성을 멈추게 한다. 그것은 죽어가는 과정의 완결, 그 끝을 지시한다. 흔적을 불태움, 이는 끝의 끝이다.

그러나 영화에는 얼룩과 관련지어야 할 또 하나의 흔적이 있다. 그것은 말랴노프가 정리하는 장신구함이다. 그것은 어느 집에나 있을 법한, 추억이 되는 물건들을 담는 작은 '상자'

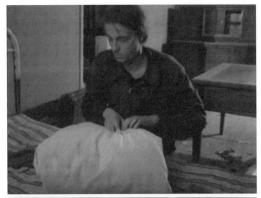

침대보를 태우는 장면

안에서 꺼낸 것이다. 브로치, 담뱃갑, 메달 리본 들과 함께 뒤섞여 있는 단추들. 이것들은 삶의 흔적들, 삶의 쇄락한 징표들, 존재의 지속에 관한 쪼개진 기호들이다. 그것들의 초라하고 평균적인 성격은 말랴노프 아버지의 삶의 초라하고 평균적인 성격을 말해준다. 그것들의 초라함은 불가해하고 무시무시한 얼룩들-징후들을 배경으로 더욱 눈에 띈다. 이 흔적들-기호들의 대비는 죽음이 자신의 드라마틱한 움직임 속에서 삶의 평균적인 행보보다 더욱 의미심장하다는 것을 말해준다. 전통적인 기호들의 이와 같은 전치는 소쿠로프가 기존의 영화적 규범, 즉 순간적인 죽음을 삶의 즐거운 긴장과 대립시키는 영화의 규범과 단절하고 있는 또 하나의 경우다. 영화에서의 삶, 이것은 내용을 지니는 역사다.

죽음은 역사를 갖지 않는다. 〈세컨드 서클〉에서는 모든 것이 정반대다. 삶이 갖고 있지 않는 역사가 죽음에 부여된다.

애도와 멜랑콜리

이제까지는 아버지의 육체에 대해 이야기했다. 말랴노프 자신에 대해서는 단지 간접적으로 언급했을 뿐이다. 하지만 바로 그가 죽은 자와의 교섭을 경험하는 자이며, 바로 그가 영화의 '주인공'이다. 비록 '주인공'이라는 이 단어는 그에게 거의 어울리지 않지만 말이다. 소쿠로프의 인물들 중에서, 나아가 소비에트 영화의 인물 중에서 〈세컨드 서클〉의 말랴노프는 매우 특별하다. 그는 마치 비존재로부터, 프롤로그의 눈보라로부터 생겨난 듯하다. 그는 죽은 아버지의 아파트로 들어서면서, 마치 그 문지방 너머에 모든 인간적 반응들을 버려두고 온 것 같다. 시체를 보고 그는 울지 않는다. 그는 단지 완전한 당혹과 수동성, 그리고 삶에의 실제적인 무기력을 보여줄 뿐이다(<일식의 나날들>에서 말랴노프가 의사였음을 기억한다면 한층 눈에 띈다). 그는 아무것도 모르고 있으며 아무것도 기억하지 못한다. 자신에게 건네는 말에 거의 대답하지 못한 채, 겨우 반응하고 있을 뿐이다. 그 대신에 그는 계속해서 무언가를 찾으려 뒤적거리고 있는데, 그 모습은 어린아이나 동굴로 쫓긴 짐승을 떠올리게 한다. 그러나 마치 어린 짐승과 같은 이런 행동은 특이한 것이다. 그는 죽음이 자신의 내부로 침투해 삶의 고리를 끊어버리기라도 한 것처럼 행동한다. 죽음에 의한 이런 삼켜짐은 두 가지 에피소드에서 가장 완전하게 드러난다. 이미 분석했던 장면, 즉 고인을 주인공 자신의 시뮬라크르로 성찰해보았던 장면(아들이 본질상 시체의 분신이 되었던 장면)과 버스에서 그가 의식을 잃음으로써 사실상 상징적인 죽음을 맛보게 되는 장면이 그것이다. 말랴노프를 소비에트 영화의 다른 주인공들과 구분하는 것은, 그가 본질상 살아 있는 시체, 좀비, 기계라는 사실이다.

프로이트의 『애도와 멜랑콜리(Trauer und Melancholie)』[5]는 부분적으로 주인공의 이런 이상한 행동을 해명해줄 수 있다. 제목에 제시된 두 상태는 프로이트에 따르면 상실, 대개의 경우 가까운 사람의 죽음에서 비롯된다. 가까운 사람의 상실은 곧바로 인간에게서 사랑하는 대상에 대한 본질적인(리비도적인 것을 포함한) 지향을 앗아가지 않는다. 사랑은, 스탈린의 잘 알려진 구절에 따르자면, 죽음을 능가한다. 일반적인 사람은 상실을 기정사실화함으로써 이런 상황에 대처한다. 즉, 그는 이런 기정사실과 싸움으로써, 결국 자유를 얻게 되는 것이다. 기정사실화된 죽음과 대결하는 것을 프로이트는 애도라고 정의했다. 애도의 자질은 일시적으로 '세계가 곤궁'해지는 것, 즉 세계에 대한 흥미를 상실하는 것이다. 나의 모든 에너지는 세계로부터 거두어져 가까운 사람의 죽음이라는 기정사실과 싸우는 데 바쳐진다.

〈세컨드 서클〉의 세계는 그것의 극단적인 곤궁함과 함께

5 러시아어로는 '슬픔과 멜랑콜리'로 번역되었다.

일상적인 애도의 세계다. 그러나 애도와 더불어 그것의 '병리학적'인 이면이 함께 존재한다. 멜랑콜리가 바로 그것이다. 가까운 사람을 상실한 결과 풀려나게 된 리비도는 멜랑콜리의 상태에서 다른 대상을 향하는 대신 자신의 내부를 향하게 된다. 나의 내부에서 그것은 "떠나버린 대상과 나 자신을 동일시하는 데 복무한다. 대상의 그림자는 나에게로 투영되며, 이제 나는 마치 떠나버린 대상과 동일선상의 독특한 위치에 있게 된다. 그렇게 해서 대상의 상실이 나 자신의 상실로 변모하는 것이다"(Фрейд, 1995b: 255).

만일 애도가 세계의 곤궁으로 이끈다면 멜랑콜리는 나 자신의 곤궁으로 이끈다. 〈세컨드 서클〉의 주인공의 행위는 멜랑콜리의 스테레오타입에 해당한다. 나는 상실된 대상과 더불어 섞이면서 사라져버린다. 그는 스스로에게서 소외되면서 사물화된다. 나의 자리는 차츰 아버지에 의해 찬탈되는데, 물론 이 아버지는 필시 말랴노프가 오랜 기간 보지 못했을 살아 있는 아버지가 아니라 죽은 아버지, 그가 동일시하고 있는 죽은 아버지다. 나는 타인의 죽어버린 육체가 된다. 〈세컨드 서클〉은 아버지의 죽음을 통한 나의 죽음에 관한 이야기인 것이다.

'상실된 대상', 즉 죽은 자로부터 벗어나려는 지향은 멜랑콜리 환자의 내부에서 자신을 괴롭히고 있는 이 대상에 대한 증오를 만들어낸다. 그러나 결국 증오의 대상은 그 대상과 동일시되고 있는 나 자신이다. 이렇게 해서 나 자신의 파괴 과정이 시작된다. 이 분해와 파괴의 과정, 살아 있는 자 내부에서 시작된 이 죽음의 '분석적 작용'은 프로이트의 관찰에 따르면, 자살로 끝맺음될 수 있다.

멜랑콜리의 다른 자질은 나르시스적인 자폐 현상이다. 나르시시즘을 외적 세계의 거절과 자기 자신을 향한 내향성으로 이해할 수 있다면, 멜랑콜리 환자는 마침 나 자신에게로 귀착되는 나르시시즘을 경험한다. 나르시시즘적 자폐 현상은 외적 세계와 교제할 능력을 상실한 말랴노프적 행위의 유아적이고 동물적인 특성들을 설명해줄 수 있을 것이다.

프로이트는 멜랑콜리의 작용을 기술하는 데 다음과 같은 은유를 제안했다.

멜랑콜리적인 콤플렉스는 마치 벌어진 상처처럼 행동한다.
그것은 사방의 에너지를 자신에게 집중시키며…… 나 자신
을 완전한 곤궁의 지경까지 몰고 간다(Фрейд, 1995b: 257).

나는 상처를 통해 외부로 향해야 할 모든 리비도적인 에너지를 나 자신에게로 퍼붓는 것과 같다. 그렇게 함으로써 '삼켜진' 나는 의도성을 상실하고, 죽어간다. 이 경우 상처는 그곳을 통해 죽음이 흘러나오는 개폐 장치가 아니라 삶이 그 안으로 집어삼켜지는 곳이다. 죽음의 작용은 몸 안에서 삶의 분석적인 철회가 된다. 상처로 빨려 들어간 삶은 죽음이 된다.

이 모든 과정들은, 그러나 진짜 육체와 관련되는 것이 아니라 기억과 관련된다. 그것들은 프로이트가 "사물들의 흔적의 왕국"(Фрейд, 1995b: 171)이라 정의한 무의식의 영역으로 흘러 들어간다.

자신 속에 삶을 빨아들인 상처, 그것은 상실된 육체의 흔적 즉 얼룩이고 징후다. 흔적으로서의 침대보를 태우는 장면이 영화의 마지막에서 말랴노프의 자유, 즉 애도와 멜랑콜리의 세계로부터의 자유를 표상하는 것은 이 때문이다. 하지만 어디로인가?

옥(獄)

영화에서 유일하게 공공연한 상징적 요소는 영화의 제목이다. 그것은 명백히 단테를 지시한다. 제2옥, 그것은 사실상 지옥의 첫 번째 원이다. 단테에게서 첫 번째 옥은 림보였다. 두 번째 옥은 프란체스카 다 리미니(Francesca da Rimini)의 이야기에 대부분 할애되어 「지옥 편」의 다섯 번째 노래에 실려 있는데, 영화와 거의 관련이 없다. 하지만 단테의 묘사 중에서 소쿠로프가 재현한 몇몇 특징을 찾아볼 수 있다. 무엇보다 먼저 그것은 시인이 제2옥의 입구에서 만나게 되는 눈보라의 모티프다.

추위의 시절에, 두텁고 기다랗게
눈보라가 악의 영혼들을 뒤흔든다.……

그렇게 내 앞에서, 눈보라에 쫓긴

그림자의 원이……

영화의 마지막에서 보게 되는 거대한 지옥 불 역시 단테적인 연상을 불러일으킨다. 그러나 영화에서 원의 모티프가 지닌 의미는 필시 이보다 더 넓은 것이다. 아마도 단테에게 영향을 주었을(Доброхотов, 1990: 105) 『아레오파지디카(Areopagitica)』의 「신성한 이름에 관하여」 논장에서 다음과 같은 구절을 읽을 수 있다.

영혼에 관해 알려진 사실에 따르면, 영혼이 외적 세계로부터 돌아서서 자기 자신의 내부를 향해 그 자신의 영적 힘과 대면 하는 데 집중하게 될 때, 그것은 원을 그리며 움직이게 된다 (Ареопагит, 1990: 180).

원(circle), 이것은 니체의 '영원 회귀'의 기호다. 피에르 클로소프스키(Pierre Klossowski)는 영원 회귀가 인간의 자기 정체성의 '존재론적 보증'인 신의 죽음과 관련되어 있음을 보여주었다. 신의 죽음은 나의 정체성의 상실로 이끌고, 이는 정체성의 끝없는 변화, 즉 내가 계속해서 갱신되는 외양을 통해 되돌아오는 상황을 만들어낸다. 영원 회귀는 시뮬라크르의 지칠 줄 모르는 유희로 뒤바뀐다. 본질상 시뮬라크르, 복사, 모방의 출현은 다름 아닌 신의 죽음을 통해 가능해졌다. 신은 이제 더는 기호의 안정성과 위계를 제공해주지 못하고 위와 아래, 좋은 것과 나쁜 것이 없는 세계에 의미론적 충만함을 가져다주지 못하게 되었다. 미국 연구가 알랭 바이스(Alan Weiss)가 영원 회귀를 '전 세계적인 실어증'(Weiss, 1989: 26), 언어적인 자기 표현의 총체적 불가능성으로 표현한 것은 우연이 아니다.

영원 회귀의 실현은 나 자신의 망각을 요구한다. 피에르 클로소프스키는 "기억 상실증은 회귀의 발견과 합치된다.……영원 회귀의 발견은 불가피하게 가능한 모든 정체성의 순차적 선언으로 이끌게 된다"(Klossowsky, 1977: 108)라고 적었다.

하지만 프로이트의 멜랑콜리적 콤플렉스야말로 니체적 판타지의 실현이 아니겠는가? 우리가 프로이트에게서 보게 되는 것이 정체성의 상실이 아니면 무엇인가?

〈세컨드 서클〉은 신이 죽어버린 세계, 반복 불가능한 개인성의 존재론적 보증이 사라져버린 세계를 우리에게 보여준다. 이것은 죽은 아버지가 주인공이 자신과 동일시하고 있는 대타자의 시뮬라크르가 되는 세계다. 이것은 흔적들, 프로이트의 '사물의 기억의 흔적들'이 씻기고 타버리는 세계다. 그 결과 영원 회귀의 마법적 메커니즘, 끝없는 원의 작용 속에서 개인성이 교체되는 메커니즘이 작동하기 시작한다. 제2옥 너머에는 제3옥이 이어지며, 그렇게 끝없이 이어진다. 따라서 마지막 장면에서 주인공의 해방은 별다른 낙관주의를 안겨주지 못한다.

영화 자체에서 패러디적 형태로(영원 회귀는 우리에게 매번 새롭게 갱신되는 패러디의 교체로서의 세계를 제공한다) 이런 니체적 신화가 그려지고 있음을 지적하지 않을 수 없다. 여기서 배우들은, 망각에 의해 지친 형상들, 동일한 하나의 플롯의 경계 내에서 끝없이 외양을 바꿔가는 형상들이다.

〈세컨드 서클〉은 사라진 고리를 영화에 다시 들어왔다. 그것은 형이상학적 차원에 놓인 죽음이다. 여기서 흔적-기억은 그것이 죽은 육체의 자취이기 때문에 의미를 얻는다. 세계는 충만함을 얻고 '세계적인 실어증'에 걸려 언어를 잃는다. 말을 위한 자리는 남아 있지 않다. 고요함, 접촉, 결, 처리, 흔적들, 모방, 시뮬라크르의 왕국이 열린다. 그것은 다른 영화의 왕국이다.

04

소쿠로프 영화에서의
집과 몸 <small>이미지라는 껍질(écorce)</small>

이나라

소쿠로프는 가령 숲 속에 있는 참나무 잎사귀의 빛깔을 정확

하게 잡아내고 싶어 했어요.

〈파우스트〉의 카메라 감독 브루노 델보넬(Bruno Delbonnel)

러시아, 예술, 권력
소쿠로프 영화-역사

소쿠로프가 연출한 영화를 살펴보면 "한 작가가 만든 무수
한 작품은 결국 동일한 하나의 작품이다"라는 말이 담고 있는
뜻을 짐작할 수 있다. 공산주의에 반대한다는 혐의로 개봉 금
지 조치를 받은 첫 번째 장편 〈인간의 외로운 목소리〉 이후 소
쿠로프는 모두 40편 정도의 다큐멘터리와 비디오, 장편 극영
화를 연출했다. 유럽에 속하고자 하는 러시아의 열망이 가득
한 도시 상트페테르부르크에서 영화 작업을 이어가는 소쿠로
프는 자신을 잡아끄는 가치들을 타협 없이 응시한다. 소쿠로

프는 러시아라는 문화의 유산, 예술과 예술가, 절대적인 권력자의 표상을 빌려 영화적 '역사'를 구축해왔다. 이를테면 소쿠로프는 자신의 이름을 처음 서방에 알리며 곤경에 처한 그를 도왔던 선배 감독 타르콥스키(<모스크바 엘레지>, 1986~1988), 문호 솔제니친(Aleksandr Solzhenitsyn)(<솔제니친과의 대화>, 1998), 작곡가 쇼스타코비치(Dmitrii Shostakovich)(<비올라를 위한 소나타>, 1981)와 같은 러시아 예술가부터 이름 없는 농민(<마리야: 농민 엘레지>, 1978~1988)과 보리스 옐친(Boris Yeltsin)(<소비에트 엘레지>, 1989) 등의 정치가에 이르기까지 조국 러시아의 정신을 구현한다고 생각하는 이들에게 '엘레지(élégie, 哀歌)'라는 형식을 헌정한다.

그러나 "회화는 나의 눈이고 클래식 음악은 나의 '영혼'"[1]이라고 읊조리는 소쿠로프는, 무엇보다 예술에서 진리와 영혼의 안식을 찾는 한 사람의 심미주의자다. 이 심미주의자가 몰두하는, 거장의 목록에 오른 인물들은 대개 우리에게 낯설지 않다. 소쿠로프는 톨스토이, 체호프, 도스토옙스키(『죄와 벌』을 각색한 <속삭이는 페이지>, 1993) 등 러시아 고전 문학에 대한 취향뿐 아니라 귀스타브 플로베르(『보바리 부인』을 각색한 <구하라, 지켜라>, 1989), 괴테(<파우스트>, 2011) 등 유럽 고전 문학에 대한 취향과 렘브란트, 위베르 로베르(Hubert Robert), 카스파 프리드리히(Caspar Friedrich) 등의 회화에 대한 취향을 여러 인터뷰에서 밝혔다. 러시아 작곡가 드미트리 쇼스타코비치뿐만 아니라

* 이 글의 일부는 필자의 논문「이미지의 불안정성: 현대 영화에서 이미지의 문제-소쿠로프의 영화를 중심으로」의 논의를 참조했다.
1 "어떤 식으로든 영혼의 작업이 눈의 작업을 앞선다. 그래서 영화가 이미지에 의해 재앙을 맞닥뜨리더라도 청각은 영혼과 직접적인 관계를 맺고 있는 하나의 형식이라 할 순수함을 보존한다"(Cahiers du Cinéma, 521에 실린 인터뷰 "Nostalghia" 중에서).

〈어머니와 아들〉

연주자 므스티슬라프 로스트로포비치(Mstislav Rostropovich)에게 엘레지를 헌정하기도 했던(<생의 엘레지, 로스트로포비치>, 2006)[2] 소쿠로프는 자신의 많은 작품에 자신이 선망하는 작가의 작품을 포갠다. 소쿠로프는 고국의 문화에 자긍심을 드러내거나 예술의 의미에 대해 질문하는 세계의 많은 작가 중 한 사람이다. 소쿠로프의 영화적 '역사-세계'를 구성하는 세 번째 주제는 '권력', 특히 독재자다. 세 번째 주제는 특히 소쿠로프 영화의 심미성이 무엇인지를 해명하는 데 일조한다. 소쿠로프는 요양원에서 쇠약한 상태로 마지막 나날을 보내는 레닌을

2 로스트로포비치의 아내는 체첸 분쟁을 다룬 소쿠로프의 영화 <알렉산드라>(2007)에 배우로 출연하기도 했다.

다룬 〈토러스〉(2000), 참모진과 연인 에바와 함께 고립된 요새
에서 자신의 최후를 관망하는 히틀러를 그린 〈몰로흐〉(1999),
항복을 준비하는 지하 벙커의 히로히토를 연출한 〈The Sun〉
(2004) 등 세 편의 독재자 연작을 연출했다. 이후 2011년 연출
한 〈파우스트〉도 절대적인 '힘'에 대한 질문을 담고 있어, 앞선
세 작품과 함께 권력 4부작으로 분류되기도 한다. 소쿠로프는
〈어머니와 아들〉(1996), 〈아버지와 아들〉(2003)에서 가족 관계
를 다루었고, 〈인간의 외로운 목소리〉와 다섯 개의 시리즈로
이루어진 327분의 다큐멘터리 〈영혼의 목소리〉(1995), 210분
에 육박하는 〈고백〉(1998) 등에서 국경 지대 병사들의 모습을
담았다.

이러한 주제들은 바스러질 듯한 이미지에 담긴다. 소쿠로
프 영화의 이미지는 비관적 탐미주의를 기술하는 '도구'가 아
니라 비관적 탐미주의가 '드러나도록' 하는 '표면'이자 '껍질'이
다. 이 껍질은 은폐막이 아니며, 껍질 아래로 비쳐 보이고 껍
질 아래 덩어리를 이루는 살의 존재를 증명하는 벗겨진(écorché),
끊임없이 벗겨지는 껍질(écorce)이다. 이들은 유령성과 불안의
영토에 거주한다. 권력에 대한 시선 역시 그러하다. 지배하고
군림하는 권력 대신 소멸해가는 권력자, 폐허로 변한 집들의
이미지가 존재한다.

소쿠로프는 줄곧 비교되는 러시아의 거장 타르콥스키의
주제와 자신의 주제를 구분한 바 있다. 타르콥스키가 배우에

〈아버지와 아들〉

게 관심을 기울인다면 자신은 장소에 더 관심을 기울인다는 것이다. 소쿠로프는 무엇보다 '인간의 감정'에 관심을 기울인다고 덧붙였다(*Mensuel du cinéma*에 실린 인터뷰 "Les hommes et les lieux"에서 인용). 그의 영화에서는 따라서 강렬한 강도를 가졌다가도 사라지고 마는 인간의 감정이 장소에 깃든다. 소쿠로프는 무감한 존재로 여겨지는 독재자, 부모, 병사를 근거리에서 뒤쫓으며 이들의 신체를 촬영한다. 이들의 단단한 신체의 골격 대신 골격과 껍질 아래 순간순간 부서지는, 소멸의 위협에 처한 신체, 사체(死體)와 같은 낯섦의 이미지들이 여기에 있다. 우리는 이미지라는 껍질에서부터 이야기를 시작한다. 우리는 이어서 껍질 속에서 문드러지는 소쿠로프적 주인공들의 '몸'과 부서지는 '집'을 살필 것이다.

이미지라는 껍질과 겹침, 불안

소쿠로프의 영화는 보통 러시아, 예술, 권력이라는 주제를 다루지만, 소쿠로프의 어떤 영화를 보고 영화가 전하고자 하는 주요한 의미가 무엇인지를 간파하는 일은 거의 불가능하다. 이는 소쿠로프의 영화가 다듬고 다듬어진 기교의 영화이며, 기교의 결과 탄생한 회화적(pictural) 영화이기 때문이다. 소쿠로프 영화의 회화성과 기교가 이미지의 불안을 만들어내기 때문이다. 소쿠로프는 여러 인터뷰에서 자신의 영화 이미지가 회화를 좇는다고 밝혔다.

······ 회화란 내게 결정적인 것이 되었다. 그러나 나는 표면
을 정복해야만 했다. 나는 입체감에 관심이 없다. 표면의 존
재라는 것은 무엇인가?······ 이는 영화의 몫이다. 이는 영화
에서 '표면으로 존재하기(l'être-en-surface du cinéma)'라는 문제다
(Gagnebin, 2002: 388~389).

이제껏 영화는 르네상스 이후 회화가 염원했던 것과 마찬
가지 방식으로 눈속임(trompe l'œil)을 통해 삼차원의 원근법적
공간을 만들어내는 것에 매진해왔던 것이 아닌가? 소쿠로프
는 환영을 만들어내는 전통적인 눈속임을 거부하고 자신의 영
화적 기교로 '표면으로 존재하기'에 이르고자, 새로운 환영의
공간을 만들어내고자 한다. 그의 영화에서 환상의 공간은 일
그러지고 몽환적인 이미지들(images déformées et oniriques), 평평
한(aplati) 회화적 이미지의 공간이다. 때로는 포커스가 잘 맞지
않는 과학 실험실의 낡은 렌즈가 사용되고(<어머니와 아들>),
때로는 너비 2미터가 넘는 커다란 거울이 레일 위에 설치되어
움직이며 촬영장의 빛을 교란시킨다(<파우스트>). 게다가 소쿠
로프에게 영화란 현장에서 촬영이 끝난 후에도 계속 새로운
생성 과정에 있는 무엇이다. 그는 필름 위에 섬세한 결의 중국
붓으로 직접 새로운 '터치'를 빈번히 더한다. 20세기 초반 영
화 제작사들 역시 흑백영화에 채색 안료를 칠했었다. 이들은
세상을 좀 더 형형색색으로 재현하고자 색을 덧칠했다. 이와

달리 무수히 직접 배합해 실험한 후 얻어진 색료를 필름에 덧칠하는 소쿠로프의 작업은 "흐르는 것이면 무엇이든 역겨워하며 단단하게 만들고 마는" "지성"의 작업이 아니라 "간헐적인 것"의 나타남에 주목하는 "흐릿하고 불연속적인" "직관"의 작업이다(Bergson, 1970: 533~534, 722).

따라서 영화적 기교가 만들어낸 실루엣과 다름없는 대상의 이미지, 보이스오버 내레이션의 반복, 의미를 알아채기 어려운 불분명한 소음들이 소쿠로프의 영화를 채운다. 다듬어진 기교들은 거의 항상 주제와 상징의 명백한 전달, 서사의 완성을 방해한다. 모사적 이미지를 재앙과도 같은 이미지라고 여기는 소쿠로프는 매번 세계와 '닮은' 이미지가 선사하는 안정성을 파괴하고, 가변적이고 확정될 수 없는 것의 기호로 이미지를 드러내기 위해서만 영화적 기교를 사용한다. 소쿠로프는 부스러질 듯한 이미지, 모리스 블랑쇼(Maurice Blanchot)가 "사체(死體)와 같은 낯섦"[3]으로 간주한 죽은 자의 마스크로서의 이미지 차원, 디디위베르만(Georges Didi-Huberman)이 "비유사성의 이미지", "불안한 이미지", "미약한 빛"이라 칭하고(Didi-Huberman, 1995a; Didi-Huberman, 2001; Didi-Huberman, 2009: 디디위베르만, 2012; 이나라, 2015), 영화학자 자크 오몽(Jacques Aumont)이 이미지의 "마티에르"[4]라고 칭한 이미지의 불안정성(instabilité de l'image)을 부각시킨다. 러시아, 예술, 권력이라는 영화적 이야기는 이 이미지들의 연쇄인 애가 혹은 장편 극영화의 형식과

3 모리스 블랑쇼는 '상상적인 것(l'imaginaire)'의 두 가지 버전을 구분했다. 소쿠로프의 영화 속 이미지는 블랑쇼가 "우리 앞에 있는 무엇, 살아 있는 개인도 아니고 무규정적인 리얼리티도 아니며, 목숨을 지닌 동일자도 아니고 타자, 다른 무엇도 아닌 것"이라 칭한 사자(死者)의 마스크로서의 이미지에 비견할 만하다(Rollet, 2009: 64에서 재인용).
4 자크 오몽은 영화가 알레고리나 은유의 관계가 아니라 해석의 관계를 통해 세계와 함께 있다고 주장하면서 바로 이 때문에 영화는 옹호하거나 진작해야 할 어떤 특정한 가치와 무관한 '형상들(figures)'에 대해 작업해야 한다고 말한다. 오몽에게 영화의 형상이란 바로 이미지의 마티에르다. 이를테면 "운동체 내 움직임 그 자체, 심지어 흐르는 것, 불안정한 것 내부의 움직임 그 자체"와 같은 것이다(Aumont, 2008: 10~11; 이나라, 2013).

만난다.

영화학자 디안 아르노(Diane Arnaud), 실비 로레(Sylvie Rollet), 프랑수아 알베라(François Albera) 등도 소쿠로프 영화의 뒤틀리고 왜곡된 이미지에서 '불확실성', '위상학적 혼란', '유령성'의 미학을 발견했다(Rollet, 2009; Arnaud, 2009; Albera, 2009). 특히 실비 로레와 프랑수아 알베라는 〈위베르 로베르, 행복한 인생〉, 〈어머니와 아들〉 등에서 소쿠로프가 사용했던 '겹침(superposition)'의 미학적 의의에 주목했다. 두 개의 이미지의 겹침은 이미지의 명백성과 명백한 의미의 생성에 저항한다. 겹침은 표면을 흐뜨리는 '흐릿한 의식(conscience embuée)'을 산출한다. 겹친 이미지는 촬영된 오브제의 명증성을 훼손하고 중단된 운동과 고정된 사물의 역설적 격발이 감지된다. 1935년 만 레이(Man Ray)는 자신의 사진에 '부동의 격발(explosante-fixe)'이라는 제목을 붙인다. 낭만주의 회화의 절대적 지지자인 소쿠로프의 영화에서 우리가 발견하는 것은 로잘린드 크라우스(Rosalind Krauss)와 디디위베르만이 만 레이를 비롯한 초현실주의자들의 사진 이미지에서 발견했던 바로 그것이다 — 역설로서의 이미지.[5]

작가의 미학적 지향과 영화 이미지의 회화적 성격을 잘 보여주는 다큐멘터리 〈위베르 로베르, 행복한 인생〉에서 빈번하게 사용하는 겹침 역시 같은 효과를 만들어낸다. 이 다큐멘터리는 '상상의 풍경화(Capricci, paysages imaginaires)', 즉 상상적 폐허의 풍경화로 알려진 18세기 프랑스의 화가 위베르 로베르

5 이에 따라 로잘린드 크라우스는 1985년 제인 리빙스턴(Jane Livingstone)과 함께 프랑스 파리 퐁피두 센터에서 '부동의 격발'이라는 이름으로 만 레이 등 초현실주의자들의 사진전을 기획했다. 디디위베르만은 『공기의 운동(Mouvement de l'air)』 등의 저작에서 만 레이의 사진 속 정지 이미지의 역동성 문제를 다루었다.

〈위베르 로베르, 행복한 인생〉

(1733~1808)에게 헌정되었다. 이미 소쿠로프는 극영화 〈속삭이는 페이지〉에서 폐허와 같은 상트페테르부르크의 어느 공간을 위베르 로베르의 화폭에 포갠 바 있다. 감독은 위베르 로베르를 다룬 다큐멘터리에서도 화가의 일대기 서술을 배제한다. 그 대신 소쿠로프는 "자신의 시대와 일치하는 행운을 지녔던"6 위베르 로베르의 몇몇 작품과 이 작품들의 거주처인 러시아 상트페테르부르크의 에르미타주 박물관의 공간 이미지로 화가의 삶과 예술 세계를 관객에게 환기시킨다.

〈위베르 로베르, 행복한 인생〉은 저녁나절 노(能) 공연이 펼쳐지는 일본의 전통 가옥 마당에서 시작된다. 희미한 어둠 속에 겨우 실루엣만 남은 벚꽃 무리가 비치고 느릿느릿한 움직임과 웅성거리는 소리가 화면을 채운다. 일본의 전통극은 위베르 로베르와 무슨 관련이 있을까. 위베르 로베르는 일본이라는 나라를 알지 못했을 터인데. 카메라는 공연장 주변에 흐드러진 벚꽃을 근접 화면에 담는다. 어두운 빛의 산란 속에 꽃잎의 윤곽도, 가옥의 윤곽도 '똑바로' 알아채기 어렵다. 빛의 작용 이외에도 소쿠로프가 붓으로 첨가한 연무 자락이 의도적 몽롱함(obtuseté)을 만들어내기 때문이다.

어둠, 집, 가면을 뒤집어쓴 배우의 느릿한 신체를 차례로 담던 화면이 나무 위에 가만히 머물다가 '별안간' 위베르 로베르가 그린 풍경화 속의 나무 이미지가 솟아난다. 시공간의 논리적 연관을 찾기 어려운 '예기치 않은' 이행이지만, 서로 다른

6 소쿠로프에게 18세기는 가장 완벽한 심미성의 세기임을 감안하면, 육체 없이 떠도는 소쿠로프의 이 웅얼거림, 이 보이스오버는 위베르 로베르의 작품에 대한 소쿠로프의 경탄이 집약된 것이다.

〈폐허〉위베르 로베르 작, 1778~1779년

두 장소에 존재하는 나무의 이미지가 서로서로 내쫓고, 다시 잠식하며 겹쳐지는 이미지는 '별안간'의 시간에 강도를 부여한다. 섬광처럼 지나가는 것, 별안간 이어지는 서로 다른 두 순간이 이미지로서의 역사라는 발터 벤야민(Walter Benjamin)의 말이 실감나는 순간이다.7

소쿠로프의 많은 영화에 빈번하게 등장하는 미세한 수증기가 영원성을 상징하는 박물관 내부의 단단한 벽면 위로 계속 흐른다. 이 미세한 수증기가 어디에서 생겨났는지 관객은 알 수 없다. 박물관 안 어디에서 이 수증기가 피어오르는 것인지, 감독의 붓이 필름 위에 이 수증기 자락을 그려 넣었는지 가늠할 수 없다. 위베르 로베르의 회화와 이 작품들의 집, 박물관 공간의 이미지를 잡아내는 카메라는 읊조리는 소쿠로프의 목소리처럼 겨냥할 목표 없이 움직인다. 카메라는 위베르 로베르의 그림을 정면에서 응시하는 대신 그림의 표면에 닿을 듯이 다가가 세부적으로 이쪽저쪽으로 움직이면서, (곧 소멸할) 유령과도 같은 프레임을 채울 자료를 채집한다. 여기에서 소실점과 초점은 무용하고 무력하며, 소실점의 공간과 초점을 맞춘 이미지는 자리를 잡지 못한다. 그 대신 이미지의 질료적 짜임새, '이미지의 마티에르', 불안과 껍질 또는 불안의 껍질이 자신을 시위한다.

7 이런 의미에서 나는 서장에서 소쿠로프의 영화 세계를 "영화-역사"라고 칭했다. 디디위베르만의 이미지 개념에 많은 영향을 미친 발터 벤야민의 섬광과 같은 이미지-역사 개념은 다음에 우선 등장한다[Benjamin, (1940), 2000].

〈님의 메종 카레 고대 신전〉 위베르 로베르 작, 1783년

부서지는 몸

프랑수아 알베라는 소쿠로프의 독재자 시리즈에 등장하는 신체의 이미지에 대해 "공적인 왕의 이미지가 복속되는 이들의 인간적인 조건을 뛰어넘고 떠받들어질수록, 왕의 물리적이고 육체적인 사실성과 일상적 내밀성은 자신의 이미지와 크게 대조를 이룬다"(Albera, 2009: 28~29)라고 평한다. 소쿠로프 영화에 등장하는 신체는 두 가지 계열로 나뉜다. 신체의 '영광'을 드러내는 계열이 하나이고, 신체의 '비루함'을 드러내는 계열이 다른 하나다. 상의를 벗어던진 병사들, 레슬링을 하는 〈아버지와 아들〉의 아버지 등 소쿠로프의 다큐멘터리에서 찾아볼 수 있는 대부분의 남성의 신체는 힘과 환희 등을 강조한다. 이 반대쪽에 죽어가는 몸 또는 죽은 자의 몸이 있다. 사람의 몸뿐만 아니라 박제되었거나 썩어가는 동물들의 몸 역시 등장한

〈아버지와 아들〉

다. 신체의 영광과 비루함은 가상적이거나 실재적인 대조를 이루며 많은 경우 한 영화 속에서 쌍을 이룬다.

독재자의 신체는 독재자의 일상적 내밀함을 들춘다. 이 내밀함의 신체는 권력자의 정상적 신체와 힘에 자신을 대조하며 비루함을 드러낸다. 사소한 일상성으로 축소되고 희화화되는 독재자의 몸을 다룬 일련의 시리즈 중 하나인 〈The Sun〉은 일본인들이 인간 이상의 존재[天皇]로 여기는 히로히토의 인간적인 갈등, 따라서 축소된 존재의 지평을 재현한다. 히로히토 신체의 비루함을 가장 잘 드러내는 장면 중 하나는 히로히토가 실험실 약품 속에 보관된 작은 생명체를 응시하는 장면이다. 약품 처리된 실험실의 조그만 갑각류에 대한 클로즈업이 지하 벙커의 복도에서 어디로 갈 줄 모르고 서성이는 히로히토의 신체와 대조를 이루며 공명(共鳴)하기 때문이다. 공습경

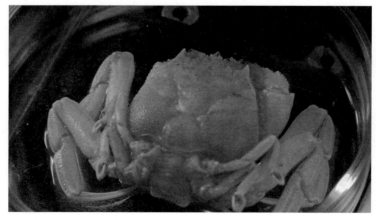

〈The Sun〉

보가 울릴 때마다 지하 통로로 이동하는 일은 히로히토에게 움직임을 강제한다. 폭격을 퍼붓는 비행기의 움직임, 연합군의 서슴없는 움직임, 명령을 실행하는 군국주의자(대신)들의 움직임이 세계를 채운다. 움직임의 강요와 움직임의 폭력에 내몰린 무표정하고 왜소한 신체의 히로히토는 박제된 갑각류를 응시한다. 히로히토는 부동의 갑각류에서 자유를 발견한 것일까? 〈일식의 나날들〉, 〈세컨드 서클〉, 〈어머니와 아들〉, 〈The Sun〉 등의 영화는 모두 비루한 몸을 전시한다. 〈어머니와 아들〉에서 죽어가는 부모의 신체는 임종을 지키는 아들의 고독한 신체와 대조를 이룬다. 이 영화의 '죽어가는 메마른 몸'은 같은 작가의 〈러시아 엘레지〉에 등장하는 '죽어가는 몸'의 이미지와 유사하다. 〈일식의 나날들〉에 등장하는 사체에 대한 해부학적 시선은, 죽은 후에도 자식과 거주하는 부모의 사체를 다룬 〈세컨드 서클〉에 다시 등장한다.

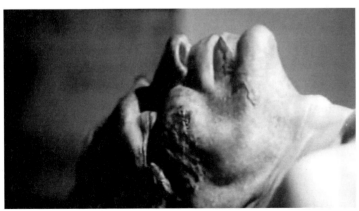

〈일식의 나날들〉

한편으로 자식에게 생명을 부여한 부모의 신체, 세계를 호령하는 독재자의 신체가 부모와 독재자의 유한성을 입증하듯 마모되어간다. 다른 한편 비루한 신체는 비유사성의 이미지 또는 닮음을 의도적으로 배반하는 이미지이기도 하다. '흔적'으로서의 이미지란 감각적인 것 너머에 존재하는 완벽한 선함을 흉내 내는 작용이 아니라, 잔해들만 가득한 바닥, '비유사성의 지대'의 미천함을 재생산하는 어떤 작용이 아닌가?(Didi-Huberman, 1995a) 예를 들면 소쿠로프의 독재자 연작 중 하나인 〈몰로흐〉에 등장하는 히틀러의 모습이 그렇다. 영화는 패전이 다가올 무렵 베르흐테스가덴(Berchtesgaden)의 독수리 요새에 머물던 히틀러와 그의 주변 인물들을 조명한다. 뒤틀린 카리스마를 소유한 히틀러의 마모되는 몸은 히틀러의 어떤 인상-이미지를 배반하면서도, 히틀러를 가장 잘 구현한다. 히틀러와 그 측근들의 일상 대부분은 길게 이어지는 식사 장면이나, 나들이, 용변을 보는 장면 등으로 채워져 있다. 특히 나들이하는 히틀러가 야외에서 배변하는 느닷없는 장면은 부감 숏을 통해 배면에 서 있는 병사의 단단하고 수직적인 신체와 왜소한 히틀러의 신체를 극단적으로 대조시킨다. 배경과 뚜렷이 구분되지 않는 히틀러의 신체 이미지는 섭취하며 배설하는 유한한 신체, 스러져가는 신체, 부패의 관념을 불러일으킨다.

소쿠로프 특유의 과잉이라고 할 만한 인위적인 영화적 기교의 결과물인 이 영화의 일상성은 미니멀한 모던 시네마의 일상성과 뚜렷이 구별된다. 영화 속 신체들의 세계에는 위계 질서가 존재하지 않는다. 신체는 흐릿한 실루엣으로 축소되며, 대기는 대상을 집어삼키는 원형질과 같다. 실루엣 — 실루엣은 선명한 이미지의 찌꺼기이자 사체가 아닌가 — 과 질료들이 히틀러의 마지막 나날을 증언한다. 〈몰로흐〉, 〈어머니와 아들〉, 〈인간의 외로운 목소리〉, 〈The Sun〉, 〈속삭이는 페이지〉 속 질료는 공고한 형태(form)들의 유기적 조직을 시위하는 선명한 '닮음'의 이미지를 훼손한다. 이 질료들의 흐릿한 엮임과 실루엣 그리고 불확정성과 비유사성의 이미지로 영광의 신체를 동반하는 동시에 훼손하는 비루한 신체라는 존재를 불러온다.

무너지는 집

소쿠로프 영화에서 장소는 인간의 감정이 묻어나는 하나의 질료와 같다. 〈어머니와 아들〉, 〈러시아 엘레지〉에 등장하는 집은 그 안에서 숨을 거두는 누군가와 하나의 몸을 이루고 있는 듯 보인다. 영혼을 가두고 있던 몸이 임종의 고통을 증언하듯이 영화 속 어두운 집은 집의 영혼이라 할 수 있는 사람들을 가두고 있다. 리스본에서 단 둘이 살아가는 아들과 아버지를 그린 〈아버지와 아들〉의 집은 두 사람의 내밀함을 증명하는 공간이다. 아들이 아버지의 자유와 본인의 자유를 위해 떠나기로 결정하자 창문이 열리고 아버지는 밖으로 나온다. 〈일식의 나날들〉과 〈몰로흐〉, 〈The Sun〉 등은 모두 인간 또는 동물에 대한 해부학적 시선과 정감적 장소에 대한 해석을 연결시킨다. 가령 신체와 신체의 소멸에 주목하는 〈일식의 나날들〉은 이미지를 비틀어 영화 속 장소들을 하나하나 왜곡한다. '간힘의 미학'이라는 주제로 소쿠로프의 작품 세계를 공간론의 차원에서 해석한 디안 아르노는 간힘의 전제 조건이란 역설적으로 안과 밖이 명확히 구분되지 않는 정신적 공간의 '투과성'임을 지적한 바 있다. 정신적 공간, 투과성의 공간은 평평한 이미지의 결과이기도 하다. 중심이 되는 인물 혹은 사물이 배경과 뚜렷하게 구분되지 않고 다수적 형상으로 존재하는, 모노크롬에 가까운 평평한 이미지들의 증식은 영화 공간의 위상학에 혼란을 야기한다. 명료한 지리적 좌표가 거세되고, 안과 밖의 명확한 구분이 사라질 때 어떤 외부의 공간은 (내면적으로) 닫힌 공간이 된다.[8]

과거로부터 끊임없이 침입을 받는 공간이 바로 박물관이다. 박물관을 다룬 소쿠로프의 영화가 소쿠로프의 영화 중 역사, 감정, 장소의 내밀한 관계를 가장 잘 보여주는 것은 우연이 아니다. 소쿠로프는 〈위베르 로베르, 행복한 인생〉을 촬영한 상트페테르부르크의 에르미타주 박물관을 다시 찾아 '단하나의 숨결'로 영화 〈러시아 방주〉를 찍었다. 90분에 조금 못 미치는 시간 동안 스테디캠 촬영기사 틸만 뷔트너(Tilman Büttner)는 "이미지 안에 어떠한 중단도 없기를 바라는" 소쿠로프의 바람대로 고화질 영상 기록 장치가 부착된 카메라(HDCAM)를 들고 박물관을 가로질렀다.[9] 어둠 속에서 영화가 시작되면 우리

8 디안 아르노는 특히 〈어머니와 아들〉의 외부 공간을 바깥의 갇힌 공간의 사례로 분석한다(Arnaud: 2005).
9 촬영기사 틸만 뷔트너는 〈러시아 방주〉의 예술적 성취뿐만 아니라 철저한 기술적 준비를 통해 90여 분 동안 중단 없이 고화질의 스테디캠 촬영을 이루어낸 선도적인 기술적 성취를 강조한다(Büttner, 2003: 41).

〈위베르 로베르, 행복한 인생〉에 등장하는 에르미타주 풍경

는 무도회에 참석하기 위해 마차를 타고 겨울궁전에 도달한 한 무리의 러시아 병사들과 화려하게 치장한 여인들의 이미지와 만난다. 카메라는 이들을 좇아 작은 문을 통해 궁 안에 들어선 이후 박물관 이곳저곳을 쉼 없이 누빈다. 극화된 이야기는 없지만 영화는 박물관이 건립된 18세기부터 로마노프 왕조, 20세기에 일어난 양차 세계대전과 2000년에 미술관을 찾은 관객에 이르기까지, 논리적인 인과 관계를 가지지 않는 서로 다른 시간대의 사건을 제각각 몇 분에 불과한 짧은 마주침의 순간마다 출현시킨다. 이때 박물관은 이질적인 순간-이미지들이 뒤섞일 기회를 주는 거대한 집이다.

우리는 바깥에서 이 집을 조망하기보다 안에서 이 집을 가로지른다. 서양 건축에서 건물의 전면(façade)은 건축물의 얼굴로 구조물의 아름다움과 정수를 구현한다. 건물을 소개할 때면 전면을 정중앙에 반듯하게 배치하게 마련이다. 〈위베르 로베르, 행복한 인생〉의 마지막 장면은 에르미타주 박물관의 전

〈위베르 로베르, 행복한 인생〉

면을 담고 있다. 에르미타주 박물관과 겨울궁전은 페테르부르크의 네바 강 하류 삼각지에 자리하고 있어 이 박물관과 궁전은 끊임없이 범람하는 강물을 곁에 두고 있다. 영화의 마지막 순간, 박물관 옆으로 흐르는 네바 강에서 피어오르는 물안개, 포스트 프로덕션 과정에서 다시 한 번 강조되었을 것이 분명한 물안개의 환영적 이미지 뒤로 박물관의 전면이 모습을 드러낸다. 네바 강, 영화 내내 위베르 로베르의 작품과 박물관의 내벽 위로 흐르던 미세한 수증기, 작품의 표면과 내벽의 표면 위로 틈을 내버리는 수증기는 폐허를 생산하는 시간 그 자체의 질료들 아닌가. 그러므로 예술품과 폐허로 변한 루브르 박물관을 상상했던 화가(위베르 로베르)의 작품을 소장 중인 에르미타주 박물관-집은 또한 마치 네바 강에 끝없이 침식당하는 저항지, 마치 수백 년 이후에도 잔존(survivant)하는 폐허로서의 저항지이기도 하다. 영화 〈러시아 방주〉에서는 에르미타주 박물관의 전면을 아예 찾아볼 수 없다. 영화의 시작과 동시에 움직이기 시작하는 스테디캠은 어둠 속에서 건물로 잠입해 들어간 후 쉼 없이 박물관을 유영하다가 마지막 순간 네바 강을 향해 난 문가에 다다르고, 마지막으로 문-프레임 밖으로 잠잠하듯 요동치는 강물의 이미지, 안에서 내다본 강물의 이미지로 끝을 맺는다. 소쿠로프의 보이스오버 내레이션이 '영원한 항해'에 대해 읊조린다.

소쿠로프의 '찍기' 과정이 '집'에 관한 소쿠로프의 관념을 이미 드러낸다고 할 수 있을 것이다. 마치 모체 속으로 미끄러져 들어가듯 건물 '내부로' 내딛으며 스테디캠이 산출하고 기록하는 리듬에 맞추어 탐색이 진행된다. 더구나 잔존하는 폐허로서의 집, 미로와 같은 내부 공간으로서의 집이라는 관념은 '노아의 방주'라는 『성경』의 이야기를 연상시키는 영화의 제목을 뒷받침한다. 우선 18세기에 여느 박물관보다 더 위대한 작품들을 수집하고 '보존'하려는 야심으로 세워진 박물관, 네바 강 앞의 박물관은 분명 그 자체로 노아의 방주에 가깝다. 노아의 방주는 보호하고 보존하는 집이었다. 노아의 방주는 신의 노여움으로 일어난 대홍수에서 선택받은 인류의 임시방편의 집이기도 했다. 방주는 대지에 기반을 둔 단단하고 견고한 탑, 쌓아올린 탑이 아니었다. 집-배 속의 인류는 물길을 쫓아야 할 뿐, 항해의 방향을 결정할 수 없었다.

프랑스의 평론가 장 마크 랄란(Jean-Marc Lalanne)은 〈러시아 방주〉의 컷 없는 플랑세캉스(plan-séquence)에서 변증법적 몽타주에 깃든 진보와 혁명의 정신에 대한 거부를 읽어내기도

〈러시아 방주〉의 마지막 장면

했다. 그는 영화에서 거대한 동질성의 세계, 아마도 18세기적 세계에 대한 열망, 환상이라 할 파라다이스로의 반동적 퇴행을 엿보았다(Lalanne, 2002: 27). 이에 반해 집-배의 임시방편적 성격을 강조하고, 집-배를 품고 있는 물길의 속성을 강조하는 시릴 네이라(Cyril Neyrat)는 플랑세캉스를 플럭스에 비유하며 영화의 미학적 성취를 다음과 같이 요약했다.

> 스테디캠은 인간에게서 거만함의 껍질을 벗긴다. 인간의 주변을 지나는 모든 것이 인간을 살짝 스친다. 모든 것이 미끄러지고 지나가며, 지나간 것이 된다면 세계는 그 자신의 실체와 그 자신의 권위의 현재성을 상실한다. 산 자와 사자(死者), 육신의 존재와 유령 사이의 차이가 희미해진다. 과거와 현재, 과거의 상이한 층위들 사이의 차이 역시(Neyrat, 2003: 36).

이 물길, 스테디캠의 리듬이 잡아내는 가상의 플럭스는 일종의 유연한 운동(mouvement fluide)이다. 모든 방향으로 뻗어 달아나고 소용돌이치는 다수성의 물결 속에서 공고한 자신의 집을 짓고 그 안에 중심을 잡고 서 있으려는 야망은 좌절할 뿐이다. 인간과 인간의 집, 인간의 세계는 그 단단함을 상실한다.

넝마주이:
심미주의자의 작업

세월을 견딘 박물관과 박물관 벽에 '매달려 있는' 숱한 작품들로 역사의 순간을 증언하게 하는 소쿠로프는 어쩔 수 없는 심미주의자다. 그러나 소쿠로프는 무상한 권력, 비루한 권력자의 신체를 영원히 이상적인 예술의 세계와 간단하게 대조하지 않았다. 박물관이 역사를 증언한다면 이는 박물관이라는 껍질, 집, 몸이야말로 껍질 아래 뒤틀린 살을 불러오고 내비치기 때문이다. 그가 박물관에서 비추는 예술품 역시 역사의 잔해에 불과하며, 비루한 물체에 불과하기 때문이다. 〈러시아 방주〉에서 박물관 여기저기를 가로지르며 관객을 이끌던 후작은 우연히 어느 창고의 문을 연다. 이 창고 안에서 지난 세기의 어느 한 사나이는 제2차 세계대전 당시 봉쇄된 레닌그라드에서 죽음을 맞은 이들의 관을 짜고 있다. 영화 속에서 박물관 구석구석은 모두 지난 역사를 복기하지만, 특히 이 창고는 세기의 전쟁에 대한 기억을 복기한다. 전쟁의 흔적, 사체, 사체를 담을 관을 만들다가 누군가의 방문을 받은 이 사나이, 소쿠로프의 영화에서 소쿠로프와 가장 닮은 사람은 바로 이 사나이가 아닌가.

05
영원한 현재 〈돌〉

홍상우

삶, 죽음, 그리고 삶의 부재

알렉산드르 소쿠로프[1]는 1980년대 후반부터 급변하기 시작한 러시아 영화계의 새로운 경향을 대표하는 인물로, 무엇보다도 영화가 대중적인 기술적 오락으로 이해되는 데 저항했다. 그는 영화란 사람들 자신과 그들의 근본적인 것에 관해 이야기해야 한다고 생각했다. 그가 안드레이 플라토노프(Andrei Platonov)의 작품에서 모티프를 빌려와 이전의 문에 영화와는 전혀 다른 형태의 영화, 그의 데뷔작이자 러시아 국립 영화대학의 졸업 작품으로 〈인간의 외로운 목소리〉를 발표해 러시아 영화계와 세계 영화계에 충격을 안겨주었을 때, 이 영화를 본 안드레이 타르콥스키는 "러시아 영화의 새로운 희망"이 나타났다고 말한 바 있다(Гращенкова, 2000: 809).

소쿠로프는 시장 원리가 급속히 파고들기 시작한 1990년

[1] 소쿠로프의 영화는 2002년 전주국제영화제 특별전을 통해 본격적으로 국내에 소개되었다.

대부터 러시아 영화계에서 비타협적으로 작업하고 있는 작가·영화감독 중 한 명이다. 그는 거의 편집하지 않는 관조적 시선의 롱테이크 미학을 작품에 도입했다. 이 원칙은 '엘레지' 시리즈의 몇몇 영화에서 두드러지게 나타나기도 한다.

소쿠로프는 1990년대에 들어 삶과 죽음에 관한 3부작 〈세컨드 서클〉, 〈돌〉, 〈속삭이는 페이지〉을 완성함으로써, 본격적으로 해외 평단의 관심을 받기 시작했다. 이 3부작은 삶과 죽음에 대한 일종의 예술적 성찰이다. 1부에 해당하는 영화 〈세컨드 서클〉은 데뷔작 〈인간의 외로운 목소리〉와 마찬가지로 죽음을 주된 테마이자 모티프로 삼았다. 소쿠로프는 이 작품에 뒤이어 불멸 또는 영혼의 부활을 주제로 한 영화 〈돌〉을 만들었다. 〈세컨드 서클〉에서 죽음을, 〈돌〉에서 불멸 혹은 부활을 이야기한 데 이어 〈속삭이는 페이지〉에서는 삶의 부재를 이야기한다. 이 〈속삭이는 페이지〉를 끝으로 소쿠로프의 삶과 죽음에 관한 3부작이 마무리된다.

체호프의 돌아옴

〈돌〉은 약 80개의 숏으로 이루어져 있다.[2] 약 90분 분량의 영화에서 숏이 90여 개에 불과하다는 것은, 감독이 그만큼 롱테이크에 치중해 영화를 만들었다는 의미다.

소쿠로프의 영화 전체를 규정하는 첫 번째 특징은 형식의 단순함이다. 소쿠로프는 롱테이크를 주된 기법으로 사용하면서 대사와 음향을 최대한 억제하는 대신에 인물의 표정과 정적인

[2] 이 수치는 출시된 비디오를 기준으로 한 것이므로, 극장 상영본과는 다소 차이가 있을 수 있다.

몸짓, 숏과 숏 간의 연결에서 발생하는 효과로 영화를 만든다.

〈돌〉에는 19세기에 활동한 러시아의 작가 체호프가 등장한다. 어느 겨울날 이미 세상을 떠난 체호프가 얄타에 위치한 자신의 생가 박물관을 찾아온다. 그는 그곳을 지키는 청년을 만나 과거와 현재, 이승과 저승에 관해 짧은 대화를 나누고는 홀연히 어둠 속으로 사라진다.

영화에는 어떠한 특별한 사건도 없으며, 두 주인공도 또한 마주보거나 산책을 할 뿐 본격적인 대화는 거의 나누지 않는다. 또한 음향도 극히 절제되어, 두세 차례 음악이 흘러나올 뿐이다. 이 영화를 보는 방식은 장르 영화의 서사 전개에 따른 접근이 아니라, 감독이 사용하는 특유의 영화 언어에 집중하는 것이다.

전체적으로 영화는 체호프가 자신의 본래 모습을 찾는 과정이기도 하며, 박물관을 지키는 한 청년이 체호프라는 역사적 인물을 통해 삶과 죽음 그리고 영혼 불멸의 의미를 깨닫는 과정이기도 하다.[3]

영화 초반부에 체호프는 집에서 목욕을 한 뒤, 무릎을 꿇은 채 밖을 바라본다. 롱테이크로 촬영한 이 장면에서 체호프는 단 한마디도 하지 않으며, 사건이 전개될 전조는 전혀 보이지 않는다. 단지 체호프라는 인물의 정지된 모습과 그림자만 보일 뿐이다. 이때 등장인물은 화면 속에서 연기를 하기보다는 단지 그 속에 존재하면서 화면을 채우는 역할을 한다. 이

3 이 젊은이는 전작 <세컨드 서클>의 주인공과 동일한 인물이다. 제목이 '저승'을 의미하는 이 영화에서 청년은 아버지의 장례를 치르면서 죽음의 비밀을 이해하고, 동시에 삶의 의미를 이해하게 된다. 2부에 해당하는 영화 <돌>에서는 아버지를 떠나보낸 것과는 정반대의 만남 — 살아 돌아온 죽은 영혼과의 만남 — 을 갖는데, 이 만남은 이 청년이 영혼 불멸의 신비를 이해하고 이를 통해 삶의 의미를 이해하도록 돕는다.

단순한 장면은 체호프가 목욕이라는 자기 정체성 찾기의 과정을 거치고 난 후 과거에 살았던 얄타에 있는 집에서 자연을 바라보며, 삶과 죽음, 과거와 현재에 대해 성찰의 시선을 보내는 것을 의미한다.

이 장면은 전후 숏들의 문맥을 통해서도 일정한 의미를 포함한다. 감독은 체호프의 목욕 장면을 보여준 다음, 잠시 그의 안경을 보여준다. 목욕 장면 이후의 숏에서 순간적이지만 분명하게 보이는 이 안경은 중요한 상징이다. 앞으로 이 안경은 체호프가 자신의 옛 모습을 점차 회복하는 과정에서 최종적인 역할을 할 것이다.

영화 후반부에 이 안경을 씀으로써 체호프는 옛 모습을 완전히 회복하게 된다. 또한 젊은 청년이 집 안의 체호프를 바라보는 장면은 체호프가 앞으로 획득하게 되는 모습이 타인에 의해 기억된 모습이기도 하다는 점이다. 그러니까 앞으로 진행되는 체호프의 자기 모습의 획득, 즉 자기 정체성의 회복 과정은 자신의 기억과 회상에 관련되기도 하지만, 타인의 기억과도 불가분의 관계임을 나타내는 것이다.[4]

등장인물들의 동작에 의존하기보다는 얼굴과 표정[5]으로 의미를 전달하는 감독의 스타일은 체호프와 청년이 나란히 식탁에 앉아 있는 장면에서 드러난다. 이제 두 사람은 영화 초반부의 낯선 느낌을 극복하고 식탁에 함께 앉는다. 체호프는 청년에게 다가와 말을 건네고 식탁에 앉는다. 그들은 짤막한 대

[4] 이 작품의 공간은 얄타에 있는 체호프의 집이지만, 이미 '박물관'이 되었다는 점에 유의할 필요가 있다. 박물관은 타인의 기억을 위한 것이기 때문이다.

[5] 영화사적 측면에서 볼 때, 소쿠로프 영화의 이러한 경향은 칼 드레이어(Carl Dreyer), 오즈 야스지로(Ozu Yasujiro), 로베르 브레송(Robert Bresson)의 영향을 받았다고 할 수 있다. "이들은 움직임이 영화의 보편적인 요소라는 데 반기를 들고 정태성의 개념으로 실험했다. 이런 감독들은 가장 필수적인 동작 이외에는 모든 동작을 제거함으로써, 영화라는 매체의 본성에 고의적으로 반항하는 작업을 하고 있다. 이들은 동작을 극소화하는 감독들로 알려 (☞ 146쪽으로 이어짐)

화를 나눈다. 이때 카메라는 두 사람의 얼굴을 클로즈업하는데, 체호프의 얼굴은 정면을 비추고 청년의 얼굴은 측면을 비춤으로써 체호프가 이 집의 주인이었다는 것을 명확히 나타내고 있다. 이어서 두 사람이 마주보고 있을 때 체호프는 눈을 뜨고 있지만 청년은 눈을 감고 있다. 그러나 두 사람이 숲과 공원을 산책한 후 집으로 돌아와서 다시 식탁에 앉았을 때, 청년은 눈을 뜨고 체호프를 바라본다. 그는 이제 소쿠로프의 전작 〈세컨드 서클〉에서 이미 그랬던 것처럼 체호프라는 역사적 인물을 통해 영혼 불멸의 신비를 이해하고, 이를 통해 삶의 새로운 의미에 다가가려 하는 것이다. 이와 같이 소쿠로프는 자신의 영화에서 인물들이 말하는 대사에 의존하기보다는 그들의 정적인 자세, 화면에서의 위치, 숏과 숏 사이의 차이와 반복을 이용해 뛰어난 영화적 표현을 이루어내고 있다.

이러한 롱테이크와 인물들의 정적인 모습, 느린 동작 등은 그가 다큐멘터리 작가였다는 사실과 깊이 연관된다. 이미 그는 다큐멘터리와 극영화의 경계에 있는 영화 〈러시아 엘레지〉에서 인물들의 대사와 연기를 극단적으로 배제한 채 기록사진만으로 러시아 근대사를 성찰하는 시선을 담아냄으로써, 영화가 줄거리와 인물의 대사에 의존하지 않고도 뛰어난 미학적 성취를 이룰 수 있다는 것을 보여주었다.

소쿠로프 영화의 또 다른 특징은 주류 영화인 장르 영화에 대한 저항이다. 그의 영화는 흔히 장르 영화에서 추구하는 관

져 있는데, 이는 그들의 동작을 다루는 기교가 매우 엄격하고 제한되어 있기 때문이다. 한 영상 안에서 실제로 어떠한 것도 움직이지 않는 것 같을 때 경미한 동작도 큰 의미를 가질 수 있다. 대부분의 경우 이러한 정태성은 상징적인 목적을 위해 쓰인다"(자네티, 1999: 121~122). "이 영화의 가장 강렬한 장면 중 하나는 얼굴 위로 서서히 눈물이 흐르는 잔의 클로즈업이었다. 클로즈업에 의해 수천 배 확대되어, 눈물이 지나간 자리는 대홍수가 지나간 것 같은 움직임을 스크린 위에 나타냄으로써 공허한 느낌을 주는 기사들의 공격이나 전통적인 서사 영화의 군대 충돌보다 더 강한 효과를 주고 있다"(자네티, 1999: 114)

객의 기대를 배반한다. 많은 소쿠로프 영화에 시나리오 작가로 참여한 유리 아라보프(Yuri Arabov)는 이것을 "기본적인 환상(базовая иллюзия)"이라는 용어로 설명한다. 기본적인 환상이란 영화를 볼 때 중요한 역할을 하는 심리적 장치로, 이러저러한 상황의 일정한 결과에 대한 관객의 잠재의식적 확신을 의미한다. 이 메커니즘은 장르 영화를 조절한다. 즉, 장르 영화를 볼 때 관객의 의식에는 일종의 환상이 존재한다는 것이다. 예를 들면 주인공은 죽을 수 없고 결국에는 자신의 연인과 만날 것이며, 선이 악에 맞서 승리한다는 확신 등이다. 그러나 기본적 환상이 깨어졌을 때 장르에 대한 저항이 생긴다. 이른바 작가영화(авторское кино)라고 불리는 것이 탄생한다. 소쿠로프는 기본적으로 이러한 장르 영화의 고유한 환상을 배격함으로써 자신의 영화를 작가영화의 반열에 올리고 있는 것이다(Хренова, 1997: 200). 즉 소쿠로프는 일정한 사건 전개와 절정, 결말을 기대하는 관객에게 특별한 사건 전개나 인물 사이의 갈등 그리고 그 해결을 제시하지 않는다.

이렇듯 장르 영화의 성격에 저항하는 소쿠로프 영화의 구체적인 수법은 카메라의 광학적 특징을 이용하는데, 카메라의 광학적 특징을 기반으로 대상을 왜곡하면서 의미를 전달하는 것이다.

영화 〈돌〉에서 체호프의 모습과 그림자는 항상 길게 늘어져 있어 광학적으로 왜곡되어 있음을 알 수 있다. 그가 숲에서 산책할 때, 눈 덮인 의자 위에 앉아 있을 때의 모습은 철저히 광학적으로 왜곡되어 있다. 특히 카메라가 책상을 마주하고 앉은 체호프의 모습을 보여줄 때 이 효과가 분명히 드러난다. 이 장면에서 체호프는 원고로 보이는 종이를 들고 있지만, 그 종이의 글자는 보이지 않는다. 그런데 겨울정원에서 체호프와 그의 그림자는 흰 눈을 배경으로 마치 한자(漢字)처럼 변형된다. 이것은 그가 집으로 돌아온 것이 문학어의 형태로서가 아니라 육체의 언어로서 실현되었다(Ямпольский, 1994: 293)는 의미를 카메라 렌즈의 광학적 특성으로 표현하고 있는 것이다.

이와 같이 소쿠로프 영화의 특징은 장르 영화의 서사 전개를 거부하고 롱테이크에 동반된 빛의 사용과 카메라의 광학적 특성을 이용한다는 데 있다. 소쿠로프의 영화는 서사 전개에서가 아니라 영화의 고유한 기술적 특징의 이용에서 그 의미를 찾을 수 있을 것이다. 다시 말하자면 소쿠로프는 영화의 줄거리로 관객에게 자신의 메시지를 전달하는 것이 아니라, 영화적 장치를 사용해 자신의 의도를 전달하고 있는 것이다.

영화의 사진적인 특성, 인물들의 정적인 모습, 대사의 중요성 감소 등으로 요약되는 소쿠로프 영화의 특징은 감독이 인물의 대사와 줄거리에 의존하지 않고 인물의 화면 배치와 색의 배열 그리고 배경과의 조화 등으로 영화적 표현을 완성해간다는 것이다.[6]

소쿠로프 영화에서 등장인물들, 특히 주인공은 화면의 중

6 이러한 숏의 배치와 화면의 색조 배열 효과는 소쿠로프의 데뷔작 <인간의 외로운 목소리>에서도 발견할 수 있다. 이 영화의 프롤로그는 푸른색 화면의 연대기 장면이다. 사람들은 커다란 나무로 된 바퀴를 돌리고 있는데 관객들은 이들이 누군지 알지 못하며, 그들이 노동을 하는 동기가 무엇인지 이해하지 못한다. 사실 그들은 증기선의 바퀴를 돌리고 있다. 이때 중요한 것은 바퀴 옆에 있는 사람들의 시각적 형상에 대한 가장 표면적인 지각이다. 즉, 이 장면이 정작 보여주고자 하는 것은 육체적 동작의 소유자들인 것이다. 이들의 동작은 특별한 힘의 긴장과 연관된다. 여기서 주목되는 점은 이들이 바퀴를 왼쪽에서 오른쪽으로 밀지 않는다는 것이다. 이것은 관객들에게 불편함을 초래한다. 또한 처음에 이 육체적 행위의 소유

(☞ 149쪽으로 이어짐)

심에 위치하지 않는 경우가 많다. 영화 〈돌〉에서 두 주인공은 대개의 경우 화면의 좌우 또는 하단에 위치한다. 또한 카메라는 그들 신체의 일부분만 강조하고, 인물들 역시 카메라 앞을 스쳐 지나갈 뿐이다. 주인공이 중심에 위치하지 않음으로써 어떠한 극적 사건의 필요성이 존재하지 않는다. 소쿠로프에게 중요한 것은 인물과 배경, 사물, 자연이 동일한 역할을 하도록 화면을 구성하는 것이다. 바로 이것이 주류 영화에 대한 저항이다.

소쿠로프는 서사 전개에 따른 줄거리에 의지하기보다는 영화의 시각적 특성을 활용하는 데 주력하며, 그 자신은 영화가 시각예술이라는 점을 강조하면서 그 의미를 "말로써 표현할 수 없으며, 단지 영화의 스크린이라는 흰 화폭에 감정의 사진으로만 표현할 수 있다"라고 설명한다. 소쿠로프 영화의 미학적이고 구성적인 핵심을 이루는 영화 언어의 순수성에 대한 지향, 대화에 의존하는 장르 영화에 대한 의식적인 거부가 그의 영화를 '작가의 시각적 창작품' 대열에 오르게 하는 것이다 (Зензинов, 1997: 183).

소쿠로프 영화의 이러한 특성은 영화를 내러티브로부터 벗어나게 하고, 관객이 시각적이고 탈이데올로기적인 화면과 소통할 수 있도록 한다.

이 영화의 형식적 특징 이외에 테마 면에서 주목되는 부분은 자기 정체성의 획득에 관한 것이다. 이것은 체호프라는 과거의 인물이 현재로 돌아오는 것과 관련됨으로써 '되돌아옴과

자들은 개인화되어 있지 않다. 즉, 관객 앞에는 설정된 숏에 몇몇 인물의 그룹이 등장한다. 그 후 개인의 초상이 화면을 채운다. 관객은 중년의 수염 난 남성을 보게 되고, 그는 다른 모든 사람과 마찬가지로 관객을 정면으로 응시하며, 힘을 다해 바퀴를 민다. 그는 다른 인물들에 비해 어떠한 특징도 지니고 있지 않다. 단지 그가 카메라 바로 앞에 있다는 것뿐이다. 그는 자신의 죗값을 치르고 있으며, 바퀴의 움직임을 유지시키다가 화면에서 사라진다. 이때 이 장면의 의미는 표면적인 사건을 통해 생겨난다. 즉, 육체적 행위의 소유자들에 의해 돌아가는 바퀴는 운명의 상징으로, 불가사의한 상징 또는 순환하는 시간과 역사의 움직임의 상징으로 해석할 수 있는 것이다(Зензинов, 1997: 183~385).

회상'이라는 모티프와 연결된다. 즉, 이 영화에서 자기 집으로 돌아온 체호프는 점진적으로 자신의 모습을 되찾아간다. 구체적으로 이 과정은 '자신의 옛 집을 방문하는 체호프→목욕 장면→자신이 치던 피아노를 만지고 연주해보는 장면→옛날에 입던 옷으로 갈아입는 장면→저녁 식사 장면→안경을 끼는 장면'으로 구성된다. 이 장면은 체호프가 본래의 외형을 회복하는 과정, 즉 자기 정체성을 찾는 과정에서 핵심적인 장면이자 이 영화의 주요 의미를 구성하고 있는 장면이다.

감독은 체호프 박물관의 낯선 방문객이 체호프 자신이라는 점을 영화의 어느 부분에서도 직접적으로 밝히지 않는다. 체호프의 형상이 영화 초반부에는 희미하게 처리되어 관객들은 그가 체호프라는 것을 알 수 없다. 그러나 영화가 진행되면서 그는 일반인에게 사진이나 초상화로 익숙해진 체호프의 모습을 닮아간다. 결정적으로 그가 안경을 쓸 때 관객은 비로소 그가 체호프임을 명확히 알게 되고, 체호프 자신도 자신의 정체성을 획득한다. 일반인들에게 익숙한 체호프의 모습은 감독이 벽에 걸려 있는 체호프의 사진을 잠시 보여줌으로써 관객의 시야에 들어온다.

체호프의 두 번째 탄생은 그를 어떤 새로운 세계로 돌아오게 하는 것이 아니라, 그의 과거 삶의 세계, 집 내부, 회상의 공간으로 돌아오게 한다. 그렇기 때문에 영화는 두 가지 인지의 평행선으로 이루어져 있다. 즉, 체호프는 그가 남겨둔 물건, 소

7 이 장면은 체호프의 연극
성과도 관련이 있다. 감독은
희곡 작가인 체호프를 연극
무대에 출연하기 전 배우의
모습과도 같이 묘사하면서 그
에 대한 개인적 존경을 표현
하고 있다. 여기서 체호프의
돌아옴은 극명한 연극적 특성
을 획득하는 것이다. 체호프
는 거울 앞에서 마치 본래 자
신의 형상으로 무대에 나서려
는 듯이 자신의 옛 모자들과
옷을 걸치고 거울을 바라본
다. 소쿠로프는 자신의 주인
공을 마치 극장의 분장실에
있는 것처럼 행동하도록 만드
는 것이다. 이때 자기 자신으
로 되돌아감은 등장인물로서
자기 정체성의 아주 분명한
특징들을 획득하게 한다. 체
호프는 마치 익명의 다른 작
가가 쓴 다른 텍스트에 포함
된 자기 자신을 연기하는 것
같은 효과를 내는 것이다. 이
것은 결국 자신의 새로운 변
신은 자기 자신으로 다가가는
것이기도 하지만, 동시에 다
른 사람이 바라보는 자신의
형상으로 다가가는 것임을 나
타낸다. 또한 이 영화의 모티
프 중 하나인 '일상생활로 되
돌아옴'은 체호프의 희곡 「벚
꽃나무 정원」을 연상시킨다
(Ямпольский, 1996: 136).

리, 향기를 인지하는 반면, 관객은 체호프 자신을 점진적으로
인지하게 된다. 비록 인물을 통해서이기는 하지만, 관객은 정체성
의 점진적 획득 과정을 주인공과 함께 경험할 기회를 얻는다.

영화 초반부에 체호프는 오랜만에 보는 자기 집 안의 물건
을 살펴본다. 그리고 방에 있는 피아노를 어루만진다. 체호프
는 피아노 덮개를 열고 잠시 연주를 한다. 과거 자신의 생활에
대한 회상임이 분명한 이 장면에서도 체호프의 얼굴은 명확히
드러나지 않는다. 그는 자기 집의 물건들을 바라보는 데 그치
지 않고 직접 손으로 만져본다. 이 장면은 영화에서 인물의 동
작이 가장 부각되는 부분이다.

여기서 소쿠로프는 특별하게도 체호프의 천진난만한 본
성과 그가 집으로 돌아온 이후 점진적으로 성장할 것임을 강
조하고 있는 것이다. 그렇기 때문에 이 동작은 회상이라기보
다는 마치 처음으로 피아노를 경험한 것 같은 느낌을 준다.
체호프가 피아노 앞에서 무릎을 꿇고 건반을 조심스럽게 치
려는 장면은 그의 몸에 밴 과거의 습관이 동작들을 재현할 뿐
만 아니라, 살아 있는 인물인 청년보다 훨씬 활기 있게 표현
되고 있다(Ямпольский, 1996: 131).

이 뒤를 잇는 체호프가 옷을 갈아입는 장면은 마치 그가 옛
날 자신의 모습 속으로 들어가는 느낌을 준다. 그는 입고 있는
흰옷을 벗어버리고 옛날에 자신이 입던 옷으로 갈아입는다.[7]
이때 체호프의 얼굴은 이전 장면에 비해 비교적 분명하게 보이

기 시작하면서 그가 자신의 모습을 되찾고 있다는 것을 보여준다. 즉, 그는 본격적으로 본래의 자기 모습에 다가가기 시작한 것이다. 감독은 이때 비로소 주인공을 화면의 중심에 위치시킴으로써 체호프의 자기 정체성 획득 과정을 강조한다. 감독은 주인공이 옷을 입을 때 느끼는 감각적인 쾌감을 체호프의 느린 동작과 표정으로 전달한다. 이 장면은 체호프가 최종적으로 자신의 육체를 획득하는 것으로 해석할 수 있다. 왜냐하면 옷은 인간 육체의 연속체이기 때문이다(Ямпольский, 1994: 290).

여기서 주목되는 것은 이 영화에 자주 등장하는 학이다. 학은 체호프의 또 다른 자아로 등장하는데(체호프가 학과 함께 얄타의 겨울정원과 길을 산책할 때 그의 그림자 모양은 새의 모양과 흡사하다. 즉, 옆에 같이 가고 있는 학과 동일한 모습을 띠는 것이다), 체호프가 옷을 갈아입는 장면을 전후해 청년과 학이 다정스럽게 마주하는 장면이 번갈아 나온다. 이러한 숏은 이제 체호프와 박물관을 지키는 청년이 서로 진지하게 소통할 수 있게 되었다는 것을 나타낸다. 이 학은 체호프가 정원으로 산책하러 나가기 전에 먼저 정원으로 나감으로써 체호프의 외출을 예고하고 있으며, 체호프가 사라지기 직전에 먼저 사라짐으로써 그의 떠남도 예고하고 있다.

이 학은 부리로 침대에 누워 있는 체호프를 깨워 일으킨다. 앞에서 언급한 바와 같이 감독은 체호프의 왜곡된 형태의 그림자가 새와 닮게 함으로써 그의 돌아옴이 자기 자신과의 닮음의 회복뿐만 아니라 자신의 또 다른 자아인 새와의 닮음을 통해 의미를 얻게 한다. 즉, 이 영화는 자기 정체성의 획득이라는 테마를 자기 자신과의 닮음과 타자와의 닮음을 통해 실현시킨다.

옷을 입는 장면에 이어 체호프와 청년이 저녁식사를 하는 장면도 의미심장하다. 이때 손님인 체호프가 직접 포도주를 따르는데, 이는 자신이 이 집의 주인이었다는 것을 나타낸다. 청년은 평범한 샌드위치를 먹는데, 체호프는 익숙한 그 음식을 먹을 수 없다. 그 대신에 이 빈약한 샌드위치와 포도주는 그의 회상을 일깨운다. 그는 갑자기 기뻐하면서 이제는 그가 느낄 수 없는 향기와 맛의 느낌을 자신의 의식 속에 불러일으킨다. 그리고 과거에 먹어야만 했던 음식을 열거하기 시작한다. 앞선 장면에서 소리 나는 동작으로 자신의 과거를 회상했던 체호프는 이제 자신의 옛 모습을 되찾고 나서, 음식의 향기와 맛으로 과거를 회상하는 것이다(Ямпольский, 1996: 129).

앞에서도 언급했지만 이 영화에서 체호프임을 분명히 인식시키는 것이 그 유명한 안경이다. 안경은 그 완전하고 절대적인 인지 속에서 작가의 초상을 복원시키는 마지막 기억의 한 자락일 뿐만 아니라 그의 기억 속 형상과 관객에게 보이는 형상을 연결시킨다. 그리고 마침내 체호프의 시각 자체를 복원시킨다. 즉, 안경은 주인공의 시야를 복원시키는 동시에 체호프의 희미한 얼굴을 보던 관객의 시야에도 명료함을 부여한다(Ямпольский, 1996: 289~290). 가장 포착하기 어려운 얼굴의 요소로 눈의 의미를 강조하는 이 안경이야말로 체호프의 정체성을 대변하는 마지막 사물이다.

영원한 현재

소쿠로프의 영화 〈돌〉은 단순한 줄거리에도 불구하고 내적으로는 치밀하게 구성되어 있다. 우선 회상의 모티프와 관련해 이것은 단순히 체호프 본인의 기억에만 관련된 것이 아니라 관객의 기억과도 관련된다. 즉, 자아와 타자의 기억이 교차하는 지점에 체호프의 회상이 위치한다. 이를 위한 공간이 체호프가 옛날에 실제로 살았던 집인 얄타에 있는 체호프 생가 박물관이다. 박물관은 타인의 기억을 위한 공간이기도 하므로 이런 분석은 설득력을 얻는다.

한편 체호프가 본래의 자기 모습을 회복해가는 과정, 즉 자기 정체성 회복의 과정도 두 차원에서 진행된다. 이 과정은 체호프가 생전에 즐겨 쓰던 안경을 착용함으로써 완결되는데, 이 안경은 그동안 희미했던 체호프의 시야를 회복시켜주기도 하지만, 체호프의 분명한 모습을 볼 수 없었던 관객의 시야도 회복시킨다. 즉, 정체성 회복에서 중요한 역할을 하는 이 안경도 체호프와 관객의 감각을 연결시켜주는 것이다.

체호프의 외모 자체도 동일한 선상에 있다. 체호프가 되찾고자 하는 옛날의 모습은 한편으로는 체호프 자신의 모습이기도 하지만, 그것은 오히려 관객의 기억 속에 남아 있는 (영화에서 보이는 체호프의 실제 사진들에서 유래된) 모습이기도 하다. 체호프의 자기 정체성 회복은 다른 한편으로는 타자에 비친 내 모습의 회복과 다르지 않다. 이 때문에 영화는 프레임 안에 갇힌 배우와 스크린 앞의 관객이 지속적으로 교류할 수 있는 접점을 만들어낸다.

이 영화는 단순한 줄거리와 표현 방식에도 불구하고 내적으로는 단순하지 않은 삶을 성찰하는 시선을 담고 있으며, 영화의 주인공과 관객의 소통을 지속적으로 추구하면서 인간 영혼에 대한 불멸의 신비를 보여준다. 영화의 또 다른 주인공인 청년은 체호프에게 이곳에서는 지루해할 것이라고 영화 초반부에 말하지만, 체호프가 또 다시 겪게 되는 일상은 과거의 반복이면서 동시에 차이이기도 하다. 즉, 그는 예전에 그 집에서 살았기 때문에 그 집으로 돌아왔을 때 마치 처음 온 듯한 느낌을 받는다. 집에서 계속 살고 있는 청년은 새로운 것을 느낄 수 없지만, 오랫동안 그 집에서 부재했다는 사실이 체호프에게 새로운 느낌을 주는 것이다.

한편 공간적으로 볼 때 두 인물은 박물관 안과 밖에서 마주보거나 산책을 한다. 박물관이라는 실내 공간이 체호프의 과거에 대한 회상과 자기 정체성의 복원을 위한 것이라면, 얄타의 겨울 숲은 흑색으로 표현되는 두 주인공과 눈 덮인 백색의 자연이 대비되는 것을 표현하기 위한 공간이다. 카메라는 이러한 대비를 빛과 어둠이라는 기본적인 광학적 원리를 응용하면서 표현하고 있다.

　이 영화의 각각의 숏에서 체호프라는 존재의 놀랄 만한 효과는 배우의 연기, 카메라에 의한 원근법의 왜곡, 그림자와 형상에서 파생된다. 세밀하고 근원적인 요소에 호소하면서 소쿠로프는 모든 것을 분명하지만 때로는 감성적으로 이해시키고 있으며, 인간의 영원한 소망인 영혼 불멸과 삶의 모티프를 바탕으로 이 작품을 만들고 있다. 다시 말하자면, 그는 지나간 것들과의 만남 또는 그러한 만남과의 소망에 대한 작은 희망을 표현하고 있는 것이다. 이 영화에서 체호프는 그의 외모뿐 아니라 절제되고 나지막한 대사와 목소리, 부드러운 어조 그리고 섬세한 동작으로 자신의 정체성을 단계적으로 드러낸다 (Мурзина, 1992).

　결론적으로 이 영화는 '영원한 현재'를 의미하고, 주인공의 이름을 연상시키는 제목 '돌'이 상징하듯이 인간의 삶과 죽음, 나아가 영혼 불멸의 의미에 다가가고자 하는 감독이 관객에게 제시하는 동참의 요구로 볼 수 있을 것이다. 소쿠로프는 영화에서 어떠한 해결점도 제시하지 않으며, 그저 인간 삶의 근본적인 문제를 고유한 방식으로 보여준다. 소쿠로프의 작품에서 인간의 삶과 죽음, 영혼의 문제는 끊임없이 자신을 되돌아보게 만드는 자기 성찰의 근원이기 때문이다. 소쿠로프는 표면적으로 단순해 보이는 영화의 구조를 통해 이러한 존재론적 성찰에 다가간다.

O6
구원과 영원성 〈러시아 방주〉의 메시아니즘

이희원

기록과 재현:
영원을 향하여

1 몇 달 동안 꼼꼼한 준비를 거쳐 촬영 당일 시작 부분을 세 차례 시도한 후 단숨에 완성한 이 영화는, 2001년 12월 23일 오후 1시 15분에 시작해 오후 2시 53분까지 에르미타주 국립 박물관에서 실시간으로 촬영한 것이다. 35mm 디지털 카메라로 촬영한 영화는 본래 99분이지만, 재필름화해 보급한 영화는 96분이다.

1978년 〈인간의 외로운 목소리〉로 데뷔한 이래 알렉산드르 소쿠로프는 러시아의 명실상부한 대표적 작가·감독으로 명성을 이어왔다. 그의 37년 영화 인생에서 가장 예외적이고 돌발적인 영화는 2002년에 발표한 〈러시아 방주〉일 것이다.

롱테이크와 관조적 시선, 명상과 사색의 영화적 스타일로 안드레이 타르콥스키 감독의 영화적 후계자로 불리던 소쿠로프의 영화 미학에서 볼 때 이단적으로까지 보이는 〈러시아 방주〉는, 디지털 카메라와 스테디캠으로 촬영해 러닝 타임 96분의 최장 원테이크(one take) 극영화로 기록되었다.[1] 〈러시아 방주〉라고 이름 붙인 전대미문의 이 야심찬 롱테이크 영화는 기존의 롱테이크 영화와는 달리 역동적이고 화려할 뿐만 아니라 소쿠로프의 기존 영화 스타일과도 확연히 구별된다. 소쿠로프가 '단숨 촬영 시도'라고 강조한 〈러시아 방주〉의 미학은 바로 '실제 시간'에 상응하는 재현 시간의 원칙, 단절되지 않은 컷 속에 담긴 영원의 시간, 즉 '봉인된 시간'으로 잘 알려진 타르콥스키 감독의 영화 철학[2]에 부응하는 것이다.

실제적 시간을 조작하지 않는 영화의 표현 형식은 시간과 역사라는 거대한 테제 앞에서 조작되지 않은 실제를 드러내고 재현하려 한 소쿠로프의 구상을 보여준다. 그러나 소쿠로프는 단절되지 않은 영화는 단지 수단일 뿐이며, 목적은 아니라고 밝혔다. 끊임없는 움직임으로 연결되며 단절되지 않고 지속되는 영화 〈러시아 방주〉를 세심히 들여다보면 원테이크(원컷)라는 형식은 영화가 담아내고자 했던 의도와 내용에 충실히 부합하고 있다.

영화는 기본적으로 몽타주를 근간으로 한 예술로 성장해왔고, 또한 그것은 영화가 몽타주의 예술 즉 절단의 예술이라는 사실에 기반을 둔다. 세계 영화사에 기록된 많은 러시아 감독들, 특히 초기 소비에트 몽타주 이론을 창조해낸 위대한 감독들은 영화가 구성과 배치에 의해 새로운 의미를 획득해내는 예술이라는 점을 잘 알고 있었다. 몽타주 이론은 사실을 구성하는 영화의 무한한 가능성을 잘 시사하고 있지만, 다른 한편으로는 시간성의 조작이라는 문제를 내포하고 있다. 컷의 횟수가 많아질수록, 단절된 영상이 늘어날수록 재현된 영상의 시간은 사실적 시간과 차이가 날 수밖에 없으며, 사실적 시간

2 "새로운 미학적 원칙이 탄생했다. 그 원칙이란 바로, 예술의 역사에서 처음으로, 문화의 역사에서 처음으로, 인간이 직접적으로 '시간을 봉인하는' 방법을 찾아냈다는 것이다. 그리고 동시에 원하는 한 얼마든지 이 시간의 흐름을 스크린 위에서 재생할 수 있고, 반복할 수 있고, 되돌아갈 수 있다는 것이다. 인간은 '실제적 시간'의 매트릭스를 손에 쥐게 되었다. 시각적이고 고정된 시간은 이제 철제 통 안에 오래도록 (이론적으로는 영원히) 보관할 수 있게 되었다"(Тарковский, 1967: 80).

에르미타주
라파엘 전시실

을 왜곡하는 결과를 낳는다.

이러한 인식 아래 러시아 영화사에서는 시간을 조작하지 않는 영상의 연속성에 대해 추구해왔다. 우크라이나 초기 무성영화의 선구자 알렉산드르 도브젠코(Aleksandr Dovzhenko, 1894~1956)는 '시적 몽타주'라고 불리는 영상의 연속성을 추구했고, 이는 타르콥스키 감독이 추구한 영화 예술의 원칙을 이루고 있다. 단절되지 않고 원테이크로 찍는 영화는, 타르콥스키가 꿈꾸었으나 기술적인 한계 때문에 이룰 수 없는 것이었다. 그리고 이 완전히 '봉인된 시간'은 드디어 소쿠로프에 의해 실현되었다.

소쿠로프의 영화 〈러시아 방주〉는 바로 촬영과 편집 형식이 어떻게 한 영화의 내용을 표현하고 규정하는지를 명료하게 보여준다. 그리고 그것은 "역사의 거대한 여러 시대 내부에서는 인간 집단의 모든 존재 방식과 더불어 인간의 지각의 종류와 방식도 변화를 겪게 마련이며, 인간의 지각이 조직화되는 종류와 방법, 지각이 이루어지는 매체는 자연적으로뿐만 아니라 역사적으로도 그 성격이 규정된다"(벤야민, 1983: 203)[3]라는 발터 벤야민(Walter Benjamin)의 선구적인 인식을 뚜렷이 예증하는 실험이다.

3 일찍이 발터 벤야민은 다른 예술과 영화 사이에서 가장 큰 차이를 만들어내는 것이 바로 카메라의 개입이라는 점을 간파했다. 영화의 역사가 그리 오래되지 않았고, 예술적·미학적 발전 단계도 성숙하지 않았던 1935년에 이미 그는 「기술 복제 시대의 예술 작품」이라는 논문에서 영화의 특성과 현실을 재구성하는 힘에 대해 분명하게 인식하고 있음을 보여준다. 영화의 특징과 힘은 바로 어떤 방식으로 카메라가 인간을 보여주는지에만 있는 것이 아니라, 어떻게 카메라의 힘을 빌려 주위 환경을 나타내는지에도 있다는 것이다. 그것은 바로 예술 작품의 원본이 지니는 시간적·공간적 유일한 현존성, 다시 말해 아우라를 공유하는 관객의 자리에 영화에서는 카메라가 대신 들어선다는 특성에 대한 명확한 인식을 보여준다. 카메라는 영화 예술을 가능하게 하는 기본 도구이며, 그 미적 형태를 조작하는 추동력이 된다. 그뿐만 아니라 카메라의 촬영 방식과 편집 원칙은 그 영화의 형식과 내용을 가장 명료하게 규정하는 내재적 원리다.

동서 문명 융합의
문화적 메시아니즘

'동(東)인가 서(西)인가', '아시아인가 유럽인가'라는 질문은 러시아 역사·문화의 숙명적 질문이다. 기나긴 봉건 질서 속의 러시아를 근대 질서로 편입시킨 결정적 사건이 바로 표트르 대제(Pyotr I, 1672~1725)의 상트페테르부르크 건설과 천도, 서구화 정책이었다. 표트르 대제로부터 시작된 새로운 러시아의 역사는 서구화 정책을 통한 근대화와 함께 고대 러시아의 문화적 전통을 단절시켰다는 측면에서 '러시아의 정체성'에 대한 문제가 시작되는 시기이기도 하다. 표트르 대제의 서구화 정책은 아시아적 질서(동)에 속해 있던 러시아를 유럽적 질서(서)로 이동시킨 사건이다. 이는 19세기 초부터 러시아 지성인 사이에 러시아의 독자적 발전을 추구할 것인지 유럽의 모델을 따라 문명화를 진행할 것인지에 대해 숙명적 질문을 던졌고, 이것은 슬라브주의와 서구주의의 지속적 갈등으로 이어졌다. 바로 표트르 대제의 개혁은 러시아 문화의 양극성과 이중성을 형성하면서 러시아 문화의 정체성에 혼란을 야기한, 역사적 기원이 되는 사건이다.

표트르 대제의 개혁이 러시아 역사와 문화에 커다란 분절 혹은 단절을 일으킨 '사건'이라는 상정은 영화 〈러시아 방주〉에도 분명히 드러난다. 이 영화에서 상정한 시간 여행이, 영화의 공간적 배경이자 러시아의 건축적 기념비이며 러시아의 문화유산을 간직한 에르미타주를 건립해 황실 박물관으로 기능하게 한 예카테리나 여제(Ekaterina II, 1729~1796) 시절4부터 시작하는 것이 아니라, 표트르 1세의 등장에서부터 시작하는 것은 우연이 아니다. 96분에 걸쳐 동선 거리 1.5킬로미터에 달하는 여정 속에 에르미타주 박물관 곳곳을 보여주는 영화 〈러시아 방주〉는 무엇보다 러시아의 역사와 문화에서 끊임없이 제기되어온 동서 정체성에 대해 명확한 해답을 제시하려는 시도다. '러시아 방주'라는 제목 자체가 상정하는 구원론적·메시아니즘(Messianism)적 사상을 새로운 영화 형식을 통해 구현하려고 한 것이다. 니콜라이 베르댜예프(Nikolai Berdyaev)의 지적대로, 러시아 민족은 다른 어떤 민족보다 메시아 의식이 강한 민족이다(Бердяев, 1970: 204). 더구나 근대 러시아에 이르러 서유럽 문명을 정교 정신에 의해 보완하고, 동과 서가 융합된 인류적 문명을 만드는 것이 러시아의 메시아적 사명이라는 문화적 메시아니즘이 나타났다.5 다시 말해 러시아 국민이야말로 하나의 종교적 원리 위에서 '동서 융합의 세계적 문명'을 창조할 수 있다는 것이다.

이렇게 동서 융합의 세계적 문명을 창조하려는 '문화적 메시아니즘'으로 구현된 러시아 메시아니즘의 특징은 "문명의 충돌보다 문명의 발전에 따른 통합적 모델을 제시"(오원교, 2005: 181)6해온 러시아 역사·문화관을 잘 드러내고 있으며, 이는 〈러시아 방주〉에서 중심적으로 드러난다.

〈러시아 방주〉는 19세기 프랑스 외교관이자 작가라고 자

4 에르미타주는 1754년 표트르 대제의 딸 엘리자베타 페트로브나(Elizaveta Petrovna, 1709~1761) 여왕의 새 궁전 건축 계획에 따라, 러시아 바로코 양식을 주도하던 이탈리아 건축가 프란체스코 바르톨로메오 라스트렐리(Francesco Bartolomeo Rastrelli)에 의해 '겨울궁전'으로 건축되었다. 건축은 8년 이상 지속되어 엘리자베타 치세를 지나 표트르 3세의 짧은 재위 기간이 끝나던 1762년까지 이어졌다. 이 겨울궁전의 실질적인 첫 주인은 1762년 재위에 오르고, 1763년 가을 모스크바에서 돌아온 예카테리나 여제였다. 유럽 문화에 심취해 있던 예카테리나는 서유럽의 다양한 문화유산을 수집하면서, 겨울궁전을 황실 박물처럼 기능하게 했다.

5 '메시아니즘'은 원래 종교적인 의미의 용어로, 신의 대리자 즉 신의 선택을 받고 신의 의사를 수행할 대리자인 '메시아(구세주)'가 지상에 나타날 것이라는 유대교도의 신앙에서 비롯되었다. 그러나 이것은 단순한 종교적 기대만으로 끝난 것이 아니라, 일종의 민족적 '선민의식'으로 바뀌어갔다(이철, 1998: 1~2).

신을 소개하는 아스톨프 드 퀴스탱(Astolphe de Custine; 세르게이 돈초프 분)[7] 후작이 에르미타주의 서른여섯 개 전시실과 홀을 돌아보는 여정을 뒤따르는 형식을 취한다. 에르미타주 박물관 곳곳을 유영하듯 흘러가는 이 공간 여행은 동시에 300여 년에 걸친 러시아 역사를 돌아보는 시간 여행과 병행된다. 그리고 드 퀴스탱의 여정을 따라 표트르 대제부터 예카테리나 여제를 거쳐 니콜라이 1세(Nikolai I, 1796~1855)와 마지막 황제 니콜라이 2세(Nikolai II, 1868~1918), 그리고 현재 러시아 문화계에서 유명 인사에 이르기까지 많은 역사적 인물이 에르미타주 박물관 곳곳에서 등장하고 사라져간다.

영화는 칠흑 같은 암전이 30초 동안 지속되면서 내레이션을 맡은 소쿠로프의 목소리로 시작된다.

눈을 뜨지만 아무것도 보이지 않는다. 불행한 사고가 있었고, 모두들 살고자 달아났다. 내게 무슨 일이 일어났던 것인지는 기억나지 않는다.

급작스러운 사고 혹은 재앙 때문에 기억이 단절되어 "이상하다, 나는 어디에 있는 것인가?"라고 묻는 질문은 이전의 역사와 급작스럽게 단절된 의식을 재현한다. 암전 속에서 목소리만 들려오며 시작되는 오프닝은 완전한 무(無)에서 세상이 창조되던 때 "태초에 말씀이 있었던"(「요한복음」1: 1) 상황을 상

6 여기서 필자는 현대 러시아의 문화적 특징을 '유라시아주의'라는 개념으로 조명하면서, 현대 러시아가 국가적 이념을 "러시아는 유라시아 국가다"라고 상정하고 '문화 중심적 세계관'을 추구하는 데 주목한다. 이러한 '신유라시아주의'는 앞에서 언급한 바와 같이 동서 융합의 세계적 문명을 창조하려는 러시아의 문화적 메시아니즘이 현대에 다시 부각되고 있음을 입증하는 것이다(오원교, 2005: 181).

7 영화에서 실제로 그의 이름이 제시되지는 않는다. 하지만 영화가 진행되면서 후작이 자신에 대해 하는 말들을 통해, 드 퀴스탱을 상정하고 있음이 분명히 드러난다. 프랑스 드 퀴스탱 후작은 1839년에 러시아를 방문했고, 당시의 인상을 담은 『니콜라이 시대의 러시아』(『1839년의 러시아(La Russie en 1839)』와 같은 책이다)라는 여행기를 발표했다(Custine, 2005: 43).

에르미타주 스페인 전시실

기시키며 러시아 문화와 역사가 기독교적 주제와 무관하지 않다는 것을 보여준다.

'방주'라는 제목 자체에서 분명히 나타나듯이 이 영화에는 『성경』의 '노아의 방주'가 중심 모티프로로 놓여 있다. 창세기 6장에서 9장에 걸쳐 기록된 노아의 방주와 그 의의는 구세주 그리스도가 이 땅에 오기 전에 대홍수로 절멸될 인간과 땅 위의 생명을 방주를 통해 보존하고 구원했다는 메시아니즘적 사상이 연관되어 있다. "이 세대에 내 앞에서 의로움"(「창세기」 7: 1)을 지닌 노아가 만든 방주는 "그 씨를 온 지면에 유전케"(「창세기」 7: 3)하기 위한 구원론적 사명을 띠고 있다. 이 방주의 사명은 『성경』 곳곳에 인용되면서 이후 그리스도 재림 시에 심판과 구원의 모형임을 예시하고 있는데, "노아는 아직 보지 못하는 일에 경고하심을 받아 경외함으로 방주를 예비하여 그 집을 구원했으니 이로 말미암아 세상을 정죄하고 믿음을 좇는 의의 후사가 되었으며"(「히브리서」 11: 7), "노아의 때에 된 것과 같이인 자의 때도 그러하리라"(「누가복음」 17: 26)라는 것이다. 이렇게 구원론적 주제와 분명히 연관되어 있는 '방주'와 『성경』적 모티프는 러시아 역사와 문화에 고유한 것으로, 『성경』에 근거한 역사 기록의 전통은 러시아 문화의 중요한 부분을 이루고 있다. 리하초프(D. S. Likhachov)의 지적대로 "일반적으로 가장 중요한 러시아 연대기는 천지 창조, 노아의 방주 혹은 『성경』에 따르면 인류가 각 민족으로 나뉜 계기인 바벨탑 건설에서부터 시작된다"(Лихачев, 1979: 265). 다시 말해 '방주'는 러시아의 역사와 문화에 고유한 문화적 메시아니즘의 핵심을 보여주는 키워드다.

그리고 이러한 메시아니즘적 역사·문화관이 정신적·문화적 유산으로 실현된 '방주'와 같은 공간이 바로 에르미타주다. 노아의 방주가 살아 있는 생명을 구원했다면, '러시아의 방주' 인 에르미타주는 이미 오래전에 죽었지만, 그 아우라를 간직하고 있는 역사와 예술의 영혼들이 숨 쉬는 공간이다. 창세기에 기록된 방주의 구조는 3층으로 분명히 명시8되어 있고, 이는 3층의 전시실 구조를 갖춘 에르미타주의 구조와도 일치하며, 에르미타주의 '방주'로서의 구조적 이미지도 강화된다. 바로 〈러시아 방주〉를 통해 소쿠로프는 에르미타주라는 박물관이 그 속에 있는 예술과 영화가 어떻게 과거의 유산을 투영시켜 현재 속에 영생하는 민족 문화로 거듭날 수 있는지를 보여주고 있는 것이다. 에르미타주가 러시아에서 그리고 자신에게 어떤 의미인지에 대해 소쿠로프는 이렇게 말한다.

에르미타주는 페테르부르크의 중심 공간이다. 만일 에르미타주가 없었다면 페테르부르크는 나에게 더는 의미가 없을 것이다. 에르미타주에는 러시아 예술의 심장이 살고 있다. 그것은 거대하고 엄청난 심장이며, 세계 예술의 모든 혈관을 관통해 내게 전해지고 있다. 에르미타주는 내가 러시아 국민

8 "그 방주의 제도는 이러하니······ 거기 창을 내되 위에서부터 한 규빗(cubit)을 내고 그 문은 옆으로 내고 상중하 3층으로 할지니라"(「창세기」 6: 15~16).

이라는 사실을 자랑스럽게 만드는 유일한 공간이다. 초현실적인 기술력과 에르미타주에 있는 근원적이고 영원한 예술과의 결합은 우리의 영화 작업에 인문학적인 가치를 부여해 주었다고 확신한다(Сокуров, 2002).

역사와 인간 정신의 문화를 간직한 에르미타주 곳곳을 따라 소쿠로프는 과거 속에 내재되어 있는 문화적 유산을 통해 현재의 '구원'을 찾고 있다. 그런데 주목해야 할 사실은, 〈러시아 방주〉에는 민족 문화의 구원으로 '러시아 문화의 방주' 역할을 하고 있는 에르미타주의 그 많은 예술 작품 중에서 러시아 작품이 단 한 점도 등장하지 않는다는 것이다. 이는 역설적으로 영화 〈러시아 방주〉를 통해 러시아에 내재된 유럽 문화와 타 문화의 민족적 수용에 대해 독자적인 해석을 부여하려는 소쿠로프의 의도를 보여주는 것이다. 그리고 그것은 앞에 언급된 바와 같이 '동서 융합의 세계적 문명'을 보존하고 영생토록 하는 '문화적 메시아니즘'이 구현된 공간으로서 에르미타주의 의미를 강조하려는 것이다. 문화학자 유리 로트만(Yuri Lotman)의 견해에 따르면 유럽 문화를 모방하며 의도적으로 고대 러시아의 전통과 단절하려 했던 18세기의 새로운 러시아 문화는, 러시아 문화의 특성을 말살한 것이 아니라 오히려 그것을 강화시키고 러시아의 예전 전통에 깊이 뿌리내리고 있었다(Лотман, 2002: 106~116)고 한다.

바로 그렇게 〈러시아 방주〉에서 강조되어 나타나는 서유럽 문화에는 독자적이고 '러시아적인' 해석이 존재한다. 하지만 여기서 한 가지 더 주목해야 할 것이 있다. 클로즈업과 스틸로 강조되는 서유럽의 회화들은 모두 『성경』적 주제, 특히 메시아와 관련된 주제라는 공통점이 있다는 점이다. 특히 단절되지 않고 연속되는 이 영화의 영상 속에서 여러 회화 이미지들이 초점에 맞춰 다루어지고, 제시되는 방식은 독특하다. 소쿠로프는 흐르고 유영하는 영상 이미지 속에 정지되고 개별적인 회화 이미지를 혼용해 교차하는 방식으로, 각각의 그림들에 '러시아적'이고 메시아니즘적인 영원의 역사관을 투영시킨다.

이 영화에서 처음으로 강조하는 회화 작품 〈세례자 요한의 탄생〉(1545)**9**을 현대의 시간대와 급작스럽게 조우하는 '이탈리아 소전시실'(Scene 7)에서 제시하는 방식은 흥미롭다. 이 작품은 「누가복음」 1장 57~80절에 기록된 세례자 요한의 탄생을 주제로 하고 있는데, 세례자 요한의 출생은 400년의 침묵기를 마감하고 구세주의 도래를 예비했다는 점에서 많은 사람들에게 은혜로운 사건이 되었다. 또한 이 그림은 영화 〈러시아 방주〉 전체적으로도 중요한 의미를 부여하고 있는데, "성령과 불로 세례를 주시는"(「누가복음」 3: 16) 예수와는 달리 "물로 세례를 주는 세례자 요한"(「요한복음」 1: 25~28; 「마태복음」 3: 11)이 내포하고 있는 물의 이미지는 '방주'라는 영화 제목이 상징하

9 이탈리아 화가 자코보 틴토레토(Jacopo Tintoretto, 1518~1594)으로, 에르미타주 박물관의 초기 수집품 중 하나다. 1772년 파리에서 예카테리나 여제가 수집한 것이다.

〈세례 요한의 탄생〉 틴토레토 작, 1545년

는 물의 이미지를 영원성과 신성성의 주제와 결합시킨다.

'반 다이크 전시실'(Scene 10)에서 반 다이크(Anthony Van Dyck, 1599~1641)의 작품 〈마돈나와 자고새〉(1630)**10**에 대한 러시아 현대 여화가 타마라 쿠렌코바(Tamara Kurenkova, 1950~)의 해석 역시 구세주 그리스도의 탄생과 고난을 새롭게 주목한다. 반 다이크가 묘사하고 있는 이집트로 피난하는 성(聖)가정의 휴식과 연관된 요셉의 삶도 역시 구원자로서의 테마와 연결되는 것이다. 『성경』에서 동정녀 마리아와 결혼한 남편 요셉은 "의로운 사람이라 저를 드러내지 아니하는"(「마태복음」 1: 19) 사람으로 묘사되는데, 이 그림은 마태복음 2장 13절부터 23절까지 기록되어 있는 요셉의 꿈을 소재로 하고 있다. 이를 주제로 반 다이크는 아기와 그 모친, 요셉을 즐겁게 하는 어린아이들의 형상을 독창적이고 극적으로 묘사하고 있다. 타마라 쿠렌코바는 이 그림을 다음과 같이 묘사한다.

> 마돈나와 요셉을 평온함과 정적이 감싸고 있습니다. 하나님이 보호하고 계시지요. 그분의 존재는 보이지 않지만 우리에게는 의심의 여지가 없어요. 사과나무는 삶을, 해바라기는 경건한 신앙을 상징하고, 오른쪽 위편의 자고새들은 방탕함을 상징하지만, 그것들은 날아갑니다. 천사들이 춤추고 노래하고 있어요(영화 〈러시아 방주〉 중).

10 이 작품은 영국의 첫 장관 로버트 월폴(Robert Walpole)의 수집품으로 1779년 에르미타주 박물관에 소장되었다.

〈마돈나와 자고새〉 반 다이크 작, 1630년

⟨바리새인 시몬 집에서의 만찬⟩ 루벤스 작, 1618~1620년

사고로 실명하기 전 에르미타주 곳곳과 그곳에 소장된 예술품의 가치에 대해 이미 잘 알고 있었고, 실명한 이후에도 그것들을 촉감으로 감촉해 '볼' 수 있는 그녀를 소쿠로프는 '천사'라고 말한다. 드 퀴스탱과 쿠렌코바의 대화를 배경으로 영상 위로 날아가는 자고새의 모습은 회화적 사건이 프레임을 벗어나 영화 속 서사 공간으로 연장되는 듯한 느낌을 준다.

다음으로 '루벤스 전시실'에서 루벤스(Peter Paul Rubens, 1577~1640)의 작품 〈바리새인 시몬 집에서의 만찬〉(1618~1620)[11] 역시 구세주라는 주제를 이어간다. 「누가복음」(7: 36~50)에 따르면 예수가 제자들과 함께 바리새인 시몬 집에서 만찬 중일 때 죄를 지은 여인이 들어와 자신의 눈물로 예수의 발을 씻기고 그 발에 입 맞추고 향유를 부었다. 죄를 지은 여인이 자신을 만지고 값비싼 향유를 쏟아붓도록 허락한 데 대해 예수를 책망하는 시몬과 바리새인들 사이의 갈등이 루벤스의 작품에 잘 묘사되어 있다. 바리새인들은 물질적인 가치와 종교적인 독선에 사로잡혀 있는 세계로, 예수 그리스도는 드높은 이상과 고귀한 가치를 지닌 동정과 연민, 선함의 세계로 묘사된다. 올바른 판단으로 확신에 찬 그리스도와 그의 말씀을 되새기는 제자들의 모습과는 대조적으로 바리새인들의 얼굴에는 의심과 혼란, 분노가 나타나 있다. 대조적인 삶의 자세 때문에 충돌한 사상은 그림 속에서 대결적 구도를 통해 극명하게 드러나며, 역동적인 색채의 대비를 통해 잘 묘사되고 있고, 사랑으로 인

[11] 이 작품 역시 로버트 월폴의 수집품으로 1779년 에르미타주 박물관에 소장되었다.

〈사도 베드로와 바울〉 엘 그레코 작, 1587~1592년

류를 구원한 구세주라는 테마를 부각시키고 있다.

　이 작품들 외에도 이후 〈러시아 방주〉에서 끊임없이 지속되는 영상 속에서 마치 돌출되듯이 정지하며 클로즈업되는 회화 작품들은 이러한 구원자, 즉 메시아니즘적 테마와 밀접하게 연관되어 있다. 엘 그레코(El Greco, 1541~1614)의 작품 〈사도 베드로와 바울〉(1587~1592)(Scene 12),[12] 렘브란트(Rembrandt, 1606~1669)의 작품 〈아브라함의 희생〉(1635)[13]과 〈탕자의 귀환〉(1668)(Scene 13)[14] 등과 같이 영화 속에서 클로즈업과 스틸로 강조되는 작품들은 모두 『성경』과 메시아를 주제로 하고 있다는 점에서 공통적이다.

　〈러시아 방주〉를 "영원성의 프레이밍(Framing of Eternal)"으로 정의하는 한 비평가는 에르미타주 곳곳을 따라 끊임없이 여행하는 카메라의 움직임 속에 부각되는 회화 이미지들이 바로 영화의 프레이밍 원칙이 되고 있다고 분석한다(Harte, 2005: 49~50). 또한 〈러시아 방주〉에서는 에르미타주라는 공간 그 자체가 영화의 프레이밍을 담당하는데, 각각의 전시실로 이어지는 끊임없는 움직임 속에 열리고 닫히는 전시실의 문 그리고 그림들로 분절되는 영상은 마치 컷을 대신하는 느낌을 준다. 그것은 몽타주로 단절되지 않은 영상 내부에서 내면적인 몽타주 역할을 하고 있다. 또한 영화 〈러시아 방주〉의 내용을 이루는 지속되는 역사와 그 분절점의 경계를 넘나드는 형식은 소쿠로프의 '영원성'에 대한 형이상학적 역사관과 예술관을

12 이 작품은 두르노보(P. N. Durnóvo)가 1911년에 선사해 에르미타주 박물관에 소장되었고, 작품 속에 묘사되어 있는 사도 베드로와 바울에 대해 영화에서는 "우리 교회의 창립자들의 형상"이라고 말한다.
13 로버트 월폴의 소장품이던 이 작품은 1779년 에르미타주 박물관에 소장되었다. 이 작품은 창세기 22장에 기록되어 있는 아브라함 신앙의 시험을 소재로 하는데, 아브라함이 그의 아들 이삭을 제물로 바치고자 하는 장면(「창세기」 22: 9~12)을 묘사하고 있다.
14 이 작품은 프랑스 공작 단센준(A. F. D'ansezyun)으로부터 1766년 에르미타주 박물관에 소장되었다. '탕자의 귀환'은 세리와 죄인들에게 주신 예수님의 가르침(「누가복음」 15: 11~32)에서 비롯된 것으로, 역시 구세주로서 그리스도와 기독교의 이미지와 결합되는 주제다.

〈탕자의 귀환〉 렘브란트 작, 1668년

알렉산드르 소쿠로프: 폐허의 시간

〈아브라함의 희생〉 렘브란트 작, 1635년

잘 드러내고 있다. 이전의 영화들에서 종말을 피할 수 없는 인간의 운명과 죽음에 대해 반복적으로 강조했던 소쿠로프는, 〈러시아 방주〉에서 끊임없이 이동하는 움직임 속에서 역사와 예술의 영원성에 대한 상념을 '영원히 고정된' 내면적 정지 화면으로 전달하고 있다.

소쿠로프의 이전 영화와 마찬가지로 〈러시아 방주〉에서 중요한 주제-모티프가 되는 회화 작품들은 정적인 이미지로서 영원의 의미가 있는 회화 예술에 대한 소쿠로프 감독의 각별한 애정을 보여주며, 그의 고전적 예술관을 잘 드러내고 있다. 회화 이미지와 영화적 공간을 하나로 연결시키는 방식을 통해, 소쿠로프는 영원성이 간직되어 있는 회화의 정적인 세계가 어떻게 동적인 영상 세계와 합치되고 그 속에서 융합되어 살아나는지를, 다른 한편으로는 살아 있는 움직임과 현재가 회화 속에 내재되어 있는 영원성과 어떻게 결합될 수 있는지를 보여주고 있다. "영화 속에 나타난 움직임은 독자적인 것이 아니라, 그 어떤 의미적 기호로서 존재하고 있다"(Тынянов, 1977: 332)라는 사실을 다시금 환기하고 있다. '의미적 기호'는 바로 단절되지 않은 러시아의 역사와 문화적 사명, 정체성을 새롭게 조명하려는 소쿠로프의 의도를 보여준다.

이러한 맥락에서 소쿠로프의 영화 미학에 대한 미하일 얌폴스키의 지적은 흥미롭다. 영화 〈어머니와 아들〉(1997)과 〈오리엔탈 엘레지〉(2001) 등에서 강조하는 회화 이미지의 중요성에 주목하면서, 얌폴스키는 소쿠로프의 영화에서 "죽음과 영원의 공간적 변이는 삼차원의 세계를 평면의 세계로 전환하며 이루어진다"(Iampolski, 1999: 138)라고 주장한다. 얌폴스키의 평가대로 영화 〈러시아 방주〉에서 부각되는 회화 이미지들은 단절되지 않는 영화의 흐름과 역사의 이동 속에서 영원성이 보존되어 있는 예술적 평면의 세계로 전환하는 것을 의미한다. 동시에 그것은 기독교적 테마와 연관되면서 러시아 역사와 문화에 내재되어 있는 메시아니즘과 '동서 문화의 융합'이라는 러시아의 문화적 사명감을 공고히 하며, 영원불멸한 러시아 문화의 정체성을 모색하고 있는 것이다.

단절을 넘은 영원의 시간

〈러시아 방주〉의 영화적 서사는 화면 뒤의 목소리가 화면에 드러난 낯선 방랑객 드 퀴스탱과 만나고 사색적 대화를 시작하는 형태로 진행된다. 소쿠로프가 직접 맡은 내레이션은 화면에 드러나지 않아 마치 영화 내면의 목소리라는 느낌을 조성한다. 〈러시아 방주〉의 내레이터를 전통적인 영화 내레이터의 유형에 의해 정의하자면, 화면 속에서 모습을 드러내지 않고 그 이야기를 상술하는 '이종 디제시스적 내레이터(hetero- diegestic narrator)'라고 할 수 있다. 하지만 이 유형이 일반적인 내레이터와 다른 특징은 카메라의 시선과 완전히 동일시되어 있다는 것이다.

목소리가 카메라의 시선과 동일시되어 지각된다는 점은

매우 중요한데, 영화에서 카메라를 통해 제시되는 방식은 영화의 서사를 형성하는 가장 기본적인 원칙이 되기 때문이다. 화면 위로 드러나는 드 퀴스탱의 유령과 같은 이미지와는 달리, 카메라의 시선과 동일시된 이 목소리는 영화 전반을 아우르는 작가의 목소리라는 복합적인 영상 이미지를 형성한다. 끊임없는 공간 이동 속에서 카메라의 시선과 동일시된 이 목소리는 마치 진실한 러시아 내면의 음성을 대신하는 듯하다. 한 가지 더 주목해야 할 점은 〈러시아 방주〉에서 카메라의 시선은 드 퀴스탱의 행로를 이끄는 것이 아니라, 드 퀴스탱의 이동을 뒤따라가고 있다는 점이다. 다시 말해 서양의 취향대로 보고 싶은 것만이 선택되고, 그 시선대로 해석된 러시아를 보여주고 있다는 의미다. 그 비켜 간 공백을 메우는 것이 내레이터의 목소리다.

동시에 왜곡된 러시아에 대한 시각을 대변하는 드 퀴스탱과 러시아의 목소리를 대변하는 소쿠로프의 음성은 러시아 문화에서 오래된 동과 서의 갈등을 표면으로 드러내는 것처럼 보인다. 소쿠로프의 다른 영화에서와 마찬가지로, 〈러시아 방주〉에서 이 두 목소리가 말하는 내용은 철학적이고 역사적인 문제들과 깊이 연결되어 있다. 러시아 역사와 문화가 '박제된' 박물관을 공간으로 한 이 영화적 여행 속에서 드 퀴스탱과 화면 밖의 내레이터, 이 두 목소리의 대화는 기본적으로 동과 서라는 러시아 문화와 역사의 생생한 문제를 토론한다. 그리고 그 단절된 새로운 시간의 시작은 표트르 대제다. 앞에서 언급한 것처럼 서유럽 문화의 유입 속에 러시아의 정체성에 대한 문제가 본격적으로 제기되는 그 시기가 이 영화에서 상정된 문화적 분절점이다. 그 시기부터 300여 년에 걸친 러시아 역사는 러시아 문화의 정체성 탐색의 역사이자 단절되지 않은 러시아 정신을 모색하는 역사라는 것이 〈러시아 방주〉의 서사를 이끌어가는 대화의 핵심이다.

폭군과 같은 표트르 대제의 모습이 등장한 이후 주고받는 그들의 대화는 이러한 상이한 시각과 견해를 잘 보여준다.

"아시아에서는 폭군을 사랑하지. 잔악한 폭군일수록 기억 속에서 더 사랑하지. 당신네 표트르 대제도 그렇잖소."

"표트르 대제에 대해 당신이 잘못 생각하는 거예요. 결국 그는 사람들에게 즐기도록 했지요."

"표트르? 자신의 아들을 사형한 자가 사람들에게 즐기라고 가르쳤다고? 아주 재미있군. 그는 늪지대 위에 유럽의 도시를 세우고, 거기에 아주아주 원시적인 질서를 만들었을 뿐이야"(Scene 3).

서양의 왜곡된 시각을 대표하며, 러시아를 경시하는 이러한 드 퀴스탱의 독설적인 견해는 영화가 진행되면서 점점 더 극단으로 치닫는다. 예카테리나 여제의 에르미타주 극장 오케스트라에 대해서는 "멋진 소(小)오케스트라다. 유럽인들이, 이탈리아인들이 틀림없다"라고 단정하며, "러시아는 극장 같다. 중요한 관리들은 완전히 귀머거리들이다. 극장, 훌륭한 배우들, 훌륭한 의상들, 하지만 아무것도 보지 못하는 사람들!"이라며 러시아 문화와 사상에 대해 모욕적 언사를 서슴지 않는다. 라파엘 전시실(Scene 6)에서도 드 퀴스탱은 "모방하는 것이오. 심지어 지도층도 당신네 예술가들을 믿지 않잖소. 아, 러시아 사람들은 정말로 무엇이든 뛰어나게 모방하는 능력이 있단 말이오. 왜인 줄 아시오? 자신들만의 사상이 없기 때문이죠. 당신네 지도층도 당신들이 스스로의 사상을 갖는 것을 원치 않아요. 본질적으로 당신네 지도층이나 당신들 모두는 게으른 사람들이니까요"라는 말로 왜곡된 시각을 표출한다. 이에 대해 소쿠로프는 "러시아 황제 대부분은 전체적으로 러시아주의자였으며, 단지 가끔 이탈리아를 동경했을 뿐이다. 그래서 바로 그런 동경을 충족시키기 위해 에르미타주가 건립되었던 것이다"라고 러시아에서의 서유럽 문화의 의의를 밝힌다.

여기서 영화 속에 보이는 드 퀴스탱의 이미지는 그의 언사와 효과적으로 부합되고 있다는 것에 주목할 필요가 있다. 영화에서 제공되는 시각적 이미지는 즉각적으로 코드화되어 영화 서사를 형성하는 메시지로 변환되기 때문이다. 그의 이미지는 검은 옷을 입은 망령과도 같고, 고집스럽고 독살스러운 노파의 느낌으로 자아낸다. "천재와 품위로 가득한 시대, 18세기를 사랑한다"(Scene 5)라고 말하는 드 퀴스탱은 영화 곳곳에서 러시아와 그 문화에 대해 모욕적인 언사를 서슴지 않는다.

"여왕은 어디로 간 거야? 사라져버렸군. 러시아는 극장 같다니까. 연극 무대 말이야!"

"아니, 아니오, 라파엘은 당신네 것이 아니라니까. 라파엘은 이탈리아를 위한 천사야, 거기는 따뜻하거든."

"나폴레옹 건축 양식이군. 나는 이것에 감탄할 수 없어. 정말 허접한 스타일이잖소? 나폴레옹 시대에 탄생했고 우리 시대에는 훌륭했기는 하지만, 당신네 나라로 와서 유행이 되고 그 즉시 민족적 스타일이 되었지. 애초의 그 독창성을 훼손당하고 말이오."

"이보시오, 왜 저 사람들은 저렇게 옷을 못 입은 거지? 저런 옷들은 사람의 창조적 본성을 죽여버리는 건데."

"도대체 왜 당신들은 유럽 문화와 접촉하려 하는 거요? 왜 도대체 이 모든 것이 당신들에게 필요한 거요? 도대체 왜 당신들은 유럽을 잘못 차용하는 거요?"

"저 작은 사람이 누구였지? 푸시킨? 그렇소? 아, 그가 바로 당신네 위대한 시인이라는 거지요. 가장 중요한 것은, 나는 그 작품들을 프랑스어로 읽어봤지만 그리 별난 것도 없던데. 아, 미안하오. 내가 당신네 민족 감정을 모욕했군요. 감정, 감정……."

"나는 러시아 음악만 들으면 온몸이 근질거려."

　　"글린카? 독일인이지? 독일인이야, 독일인. 모든 작곡가

들은 독일인이오"(Scene 12).

　　이렇듯 독설적이고 오해로 가득한 드 퀴스탱의 말은 관객

에게 부정적으로 인식된다. 그리고 망령과도 같은 그의 모습

이 전해주는 허상의 이미지는 결국 그러한 잘못된 인식과 함

께 과거 속에 소멸되고 사라질 운명임을 시각적으로 드러내고

있다. 영화의 후반부로 가면서 결국 드 퀴스탱은 '어쨌거나 자

신이 옳지 않았음을, 러시아의 황제들과 이 모든 아름다움을

모욕하면서 자신이 옳지 않았음'(Scene 16)을 시인한다. 에르미

타주 박물관 곳곳을 따라 소동을 일으키며 돌아다니고 왜곡된

인식을 선명하게 드러내는 드 퀴스탱과는 대조적으로, 그의

'러시아 안내자' 역할을 하며 카메라 뒤에서 소극적으로 조그

맣게 울리는 고요한 내레이터의 목소리는 결국 영원히 남는

진실과 〈러시아 방주〉에서 진정으로 보여주고자 하는 메시지

를 전달하고 있다.

　　이러한 의미에서 〈러시아 방주〉는 300년에 걸친 러시아

역사와 문화에 바치는 웅장한 교향시라고 할 수 있다. 꾸준히

지속되는 드 퀴스탱과 내레이터의 대화를 배경으로, 화면 위

로는 표트르 대제부터 시작해 여러 역사적 인물이 등장하고

사라져간다. 에카테리나 여제는 에르미타주 극장(Scene 4)과

전시홀(Scene 16), 에르미타주 옥상정원(Scene 17)에서, 니콜라이 1세는 게오르기 홀(Scene 18)에서 등장한다. 이곳에서는 극작가이자 외교관이던 그리바예도프(Alexander S. Griboyedov, 1795~1829)가 1829년 테헤란에서 살해된 사건에 대해 페르시아 외교사절단이 겨울궁전을 방문해 니콜라이 1세에게 공식석으로 사과하는 장면이 재현된다. 또한 러시아의 마지막 황제 니콜라이 2세의 가족들은 마지막 황제 가족이 실제 거주했던 방과 연결된 소(小)식당(Scene 23)에서 등장한다.

이러한 역사적 인물 외에도 영화에서는 현대 러시아, 특히 상트페테르부르크 문화계의 중요한 인물이 줄이어 등장한다. 레프 엘리세예프(Lev Eliseev), 타마라 쿠렌코바, 알라 오시펜코(Alla Osipenko), 현재 에르미타주 관장인 미하일 표트롭스키(Mikhail B. Piotrovsky)와 마린스키 국립극장의 수석 지휘자이자 러시아 문화예술 총감독 발레리 게르기예프(Valery A. Gergiev)가 그 오케스트라와 함께 출연한다. 이 중 주목을 끄는 인물인 미하일 표트롭스키는 표트르 기념 홀(Scene 20)에서 전직 에르미타주 관장인 자기 아버지 보리스 표트롭스키와 전직 에르미타주 관장이던 요시프 오르벨리(Iosif A. Orbeli)와 대화하는 장면에 등장한다. 러시아 문화를 염려하고 책임지는 전직, 현직의 에르미타주 관장 세 명이 나누는 대화는 그들의 지위와 역할에 대한 선문답 같다.

오르벨리 당신 아들이 아닙니까. 그가 관장이란 말이오. 전쟁 와중에, 끔찍한 전쟁 속에서 우리는 참사 속에 불타지 않고 이 모든 것을 지켜냈단 말이오.

미하일 도대체 무엇이 우리를 기다리고 있는 거지요, 아버지?

보리스 나는 그 많은 사람들을 도울 수가 없었어⋯⋯. 10년이 흘렀지⋯⋯. 내가 누구에 대해 하는 말인지 너는 알잖니.

미하일 하지만 아버지에 대해 뭔가를 추억하고 다들 좋게 기억하고 있어요. 그리고 곧 아버지 책도 출판될 거예요.

오르벨리 권력이란 것은 참나무에서 도토리가 나기를 바라죠. 문화라는 나무가 무엇으로 자라나는지에 대해 그들은 알지도 못하고 알려 하지도 않아요. 하지만 만일 이 나무가 쓰러진다면 그 어떤 권력이라도 끝장나게 된다오. 그리고 더는 그 무엇도 있을 수가 없게 된단 말이에요.

미하일 도대체 우리를 기다리는 것은 무엇이지요?

이들이 대화를 나누고 있는 장소는 1837년 화재 이후 스타소프(Vasili Stasov)에 의해 복구된 표트르 기념홀이다. 그들의 대화 중 화면 한편으로 베니스 화파의 거장 자코포 아미고니

〈러시아의 방주〉에서 에르미타주 대계단을 따라 박물관을 나가는 군중들

(Jacopo Amigoni, 1682~1752)의 작품 〈표트르 1세와 미네르바〉[15]
가 보인다. 앞에서 언급했듯이, 다시금 표트르의 개혁부터 꾸
준히 내재되어온 러시아 문화의 정체성 문제가 상기된다. 그
리고 "도대체 우리를 기다리는 것은 무엇인가?"라는 질문을
반복하는 미하일 표트롭스키는 전직 두 관장을 남겨두고 자리
를 떠난다. 과제는 지금도 그에게 남아 있고 앞으로도 지속될
것이다.

영화 〈러시아 방주〉가 300년간의 러시아 역사와 문화에
바치는 웅장한 교향시라는 이미지는 영화의 후반부에 이를수
록 극대화된다. 니콜라이 홀(Scene 25)에서 벌어지는 대무도회
는 니콜라이 2세의 대무도회를 재현한다. 제1차 세계대전의

[15] 이 그림은 칸테미르(A.
D. Kantemir, 1708~1744) 공
후가 요청해 런던에서 그려졌
으며, 1922년 에르미타주 박
물관에 소장되었다.

〈표트르 1세와 미네르바〉 아미고니 작, 1730년대

발발과 러시아에서 무르익은 혁명의 분위기 때문에 러시아에서의 유럽 문화는 이 무도회를 마지막으로 종말을 고했다고 평가받는다(Kujundzic, 2004: 221). 드 퀴스탱은 이곳에 있는 귀족들과 흥겹게 마주르카를 추면서 "더없이 훌륭한 장소요! 어쨌거나 페테르부르크에는 유럽에서 제일 멋진 궁전이 있군요. 이 엄청난 공간을 보시오! 여기에 적어도 3000명 이상은 있었을 거요, 맞지 않소?"라고 감탄한다. 여기서는 또한 마린스키 국립극장의 수석 지휘자 발레리 게르기예프가 등장해 그의 오케스트라를 지휘하며 글린카(Mikhail Ivanovich Glinka, 1801~1857)의 오페라 〈황제를 위한 삶〉(1836) 중에 나오는 마주르카를 연주한다. 영화 속에 반복적으로 등장하는 글린카의 이름 역시 '러시아 음악의 아버지'로 불리며 러시아 민족음악의 창시자로서 글린카의 중요성을 상기시킬 뿐만 아니라, '서양으로 향한 러시아의 창'인 상트페테르부르크에서 러시아 음악 활동의 대부분이 이루어졌음을 상기시키고 강조한다. 영화 속에서 연주되는 오페라 〈황제를 위한 삶〉과 〈루슬란과 루드밀라〉(1842)의 초연을 글린카가 주관한 곳도 상트페테르부르크다(Rzhevsky, 1998: 243).

영화의 절정을 이루는 이 장면은 화려한 축제의 장이기는 하지만, 또한 소쿠로프의 생각대로 유럽 문화와의 접촉과 충돌 속에, 러시아에 동화되지 못한 유럽과의 결별을 이루는 장이기도 한다. 무도회가 끝나고 드 퀴스탱은 "앞으로? 그곳에

1903년 2월 11일과 13일 대무도회가 열린 에르미타주 니콜라이 홀

무엇이 있소? 나는 남아 있겠소"라고 말하고, 소쿠로프는 "안녕, 유럽이여!"라고 작별을 고한다. 그리고 그 많은 사람들은 겨울궁전의 중앙 계단을 따라 에르미타주를 빠져나온다. 마치 방주에서 지상의 종족을 보전하러 다시 나온 생명들처럼, 그 많은 사람들은 계단을 가득 메우고 서서히 밖으로 나간다. 군중 속에서 "우리는 항해하는 것처럼 여겨져. 우리는 꿈속을 보는 것 같아"라며 들려오는 말은 '방주'에 있었던 듯한 그들의 느낌을 전달해준다. 영화의 마지막에서 내레이터는 말한다.

러시아 제국의 1903년 대무도회 이 무도회는 러시아 제국의 마지막 대무도회로 간주된다.

"이봐요, 당신이 옆에 없는 것이 정말 안타깝군요. 당신은 모든 것을 다 이해했어요. 보세요, 바다가 주위를 둘러싸고 있어요. 그리고 우리는 영원히 항해할 거요. 그리고 우리는 영원히 살아갈 거요." 이 '영원한' 항해와 '영원한' 삶은 러시아 문화의 영원성, 그 민족의 영원성을 강조한다. 그리고 에르미타주는 안개가 피어오르는 네바 강의 모습 때문에 세계 문화의 소용돌이 속에 조용히 항해하는 거대한 방주의 이미지로 남는다.

영화 내내 교차하던 과거와 현재는 일관되게 그 많은 역사적 혼란과 재난, 화재, 전쟁 속에서 힘겹게 그 문화적 유산을 지켜내고 서유럽이라는 타 문화를 자신의 문화와 융합해 발전시켜온 러시아 문화의 힘, 그 보존력을 강조하고 있다. 그리고 영화 내내 중첩되던 과거와 현재의 많은 역사적 인물은 단절되지 않고 지속되며 현재 속에 영생하는 러시아 문화의 연속성을 대표하고 있다. 이런 의미에서 보자면 영화 〈러시아 방주〉는 "서유럽 문화에 의해 러시아에 생성된 이중 시각(divisibility), ······ 러시아의 정체성 그 자체가 기반을 두고 있는 해결되지 않는 갈등"(Kujundzic, 2004: 225)을 드러내며 러시아의 문화적 정체성을 모색하고 있다고 할 것이다. 그것은 바로 동서 문화를 통합하며 자신만의 독자적 정체성을 찾고자 하는 러시아 문화의 특징과 지위에 대한 감독의 의식을 반영하고 있다.

영속될 문화적 흐로노토프

소쿠로프는 "시간의 흐름은 신의 영역에 놓인 그 어떤 수수께끼"라고 말했다(Сокуров, 2002). 절대적이고 영원적인 시간에 대한 소쿠로프의 이러한 의식, '신의 영역에 놓인' 시간에 대한 의식은 조작되거나 단절되지 않는 영상으로 구현되었다. 모든 예술은 그 형식과 내용이 분리될 수 없는 통일적 유기체가 된다. 그의 영화 〈러시아 방주〉는 단절되지 않은 형식을 통해 단절되지 않고 장구한 흐름을 이어온 러시아 역사와 문화를 담고 있다. 그리고 그 단절을 이어주고 맥을 보존해온 '방주'가 러시아 문화의 보고가 되는 에르미타주 박물관이라는 공간이다. 그곳은 『성경』의 방주가 그랬듯이 세계와 러시아의 문화적 보고이며, 세계 문화와 대화하고 동서를 융합하는 러시아 문화의 구원자적 지위의 방주다. 또한 300년에 걸친 러시아 역사와 문화는 서유럽 문화와의 대화이기도 하면서 러시아적인 것에 대한 정체성 모색의 역사라고 할 것이다. 또한 그것은 러시아 문화에서 동서 통합의 구원론적 지위에 있는 러시아 문화의 사명을 담은 '문화적 메시아니즘'이라는 특징적인 사상으로 구현되었다.

소쿠로프의 영화 〈러시아 방주〉는 바로 이러한 문화적 메시아니즘이 구현된 역사관을 통해 러시아 문화의 지위를 논하고 그 정체성을 탐색하고 있다. 단절되지 않은 영화의 형식을 통해 세계 문화의 거대한 흐름 속에서도 단절되지 않고 '러시아적인 것'을 발전시키며 일관되게 유지해온 러시아의 역사와 문화를 말하고 있다. 그리고 시간이 인간의 영역이 아닌 것처럼 거대한 역사의 흐름도 어쩌면 인간의 영역 밖의 것이지만, 자신의 문화를 형성하고 보존하면서 인간은 '영원히' 살고 항해할 수 있을 것이라는 감독의 의식을 보여주는 것이다.

07

폭력을 배제하고도
전쟁에 관해 말할 수 있는 것 〈알렉산드라〉

박하연

우리는 전쟁에 관해 무엇을 말할 수 있을까?

"전쟁은 끔찍하고 야만적이며 어떤 대가를 치르더라도 중단되어야 한다고 말해야 하지 않을까?" 버니지아 울프는 『3기니』를 통해 이렇게 주장했다.

1938년에 쓴 이 책은 전쟁을 방지할 방안을 묻는 한 저명한 변호사에게 보내는 답장 형식을 취하고 있는데, 울프는 이 글에서 교육받은 '남성'과 '여성' 사이에는 건널 수 없는 깊은 골이 패어 있어, 답장을 받을 변호사와 그것을 쓰고 있는 여성은 어떻게 해도 '우리'라는 단어로 묶일 수 없다고 주장한다. 그러나 전쟁을 중단해야 한다는 당위에는 모두 동의하리라고 확신한다. 근거는 이러하다. 당신과 내 눈 앞에 전쟁의 참상을 담은 사진이 놓여 있다고 가정하자. 교육과 전통이 아무리 다

르더라도, 우리는 혐오감과 공포라는 동일한 감정, 동일한 감
각을 느낄 것이다. 그 강렬한 감각이 우리를 같은 결론으로 이
끌 것이다.

2003년 수전 손택(Susan Sontag)은 울프가 공통의 감각을 환
원시킨다고 지목한 그 잔혹한 사진과 성별의 차이를 강조하기
위해 문제 삼았던 우리라는 단어를 다른 각도에서 공격하는
것으로『타인의 고통』을 시작한다. 이미지 속의 그들과는 다
른 '우리'는, 그러니까 전쟁을 직접 경험하지 않은 채 멀리서
전쟁 국가에 대해 단지 연민을 느낄 뿐, 안전하고 부유한 사람
들이 과연 사진을 응시하는 것만으로 그 경험을 이해하거나
느낄 수 있는가? 동일한 이미지에 대한 '우리'의 반응은 정말
로 동일한가? 어쩌면 전쟁의 참상을 담은 사진을 보며 인도주
의적 감정이 공유되리라는 울프의 가정은 너무 순진하지 않은
가? 혹시 누군가는 그 사진을 보며, 오히려 폭력의 광경에 짜
릿함을 느끼지 않을까?

손택은 책의 말미에서 "사람들이 전쟁에 반대하게 할 수
있을 이미지라는 것이 존재하는가"라는 질문을 다시 던지면
서, 이미지는 대체로 서사를 동반한 영화보다는 효력이 없다
고 시인한다. 응시의 시간이 다르다는 것이다. 이렇게 전제하
고 그녀가 꼽은 한 장의 사진은 캐나다의 사진작가 제프 월
(Jeff Wall)이 '연출'해 찍은 〈죽은 군대는 말한다〉(매복 뒤의 소련
정찰군 모습을 1986년 겨울 아프가니스탄의 모코르 근처에서 찍은 사

진)이다. 피사체는 자기들을 바라보는 시선에 완전히 무관심하고 사진을 보는 우리로서는 전쟁의 끔찍함을 이해할 길이 없는, 다시 말해 타인의 고통에 완벽하게 공감하는 것은 불가능하다는 사실을 깨우치게 하는 것이 이 사진의 미덕이라고 손택은 말한다.

그렇다면 영화는 어떻게 전쟁에 반대하고, 관객이 전쟁에 반대하도록 만들 수 있는가? 소쿠로프의 2007년 영화 〈알렉산드라〉는 울프나 손택이 인용한 사진들과는 전혀 다른 방식, 즉 폭력을 묘사하지 않는 방식으로 이 목적을 성취하는 듯 보인다. 전쟁의 논리와 일상의 논리를 나란히 배치해, 개인적 경험 속에서 두 가지가 만날 수 있음을 보여준다. 특히 등장인물들이 눈을 마주치는 장면이나 등장인물이 관객과 시선을 마주하는 장면에서 폭력적인 응시 대신 교감하는 응시를 통해 우리의 경계가 변한다는 사실을 보여준다. 이렇게 하여 우리 앞에 놓인 것이, 놀랍도록 정적이고 고요하며 서정적인 전쟁 영화다.

영화의 줄거리는 단순하다. 러시아인 알렉산드라 니콜라예브나가 직업 군인인 손자 데니스를 방문한다. 체첸을 상대로 싸우고 있는 부대를 방문해 며칠을 지내는 중에 그곳의 군인들 그리고 부대 인근에 위치한 체첸 시장의 여성들과 가까워진다. 극적인 사건은 없다. 영화는 다만 일상적인 수준의 가벼운 갈등만 몇 차례 보여준다. 그러나 이 영화는 싱겁지 않다. 영화의 구성과 이미지가, 대사가 들려주는 것 이상의 이야기를 보여주기 때문이다. 이 영화의 반전 메시지는 전쟁의 수행자인 남성들과 민간인인 여성들 및 아이들, 모국이라는 단어로 표상되는 애국심과 가정으로 표상되는 일상적 가치(혹은 역사적 사건의 감각 대 개인적 경험의 감각이라 해도 좋겠다), 대체로 공감을 이루는 데 실패하는 대화와 교감하는 시선 등이 대립되는 구도 속에서 드러난다.

남성: 소년과 장교

주인공은 알렉산드라이지만, 이 영화의 배경은 전쟁 중인 체첸 공화국의 러시아 병영이라는 남성적 세계다. 여군 한 명 없이 남성으로만 이루어진 영화 속 군대는 말 그대로 남성적 논리로만 구축된 공간처럼 보인다. '애국심'을 중심으로 한 이 공간의 논리를, 이곳에 가장 어울리지 않을 존재인 늙고 몸도 성치 않는 여인이 찾아와 흔든다. 그러니 먼저 이 영화의 남성을 살펴봐야 한다.

영화를 시작하자마자 등장하는 청년들이 있다. 이들은 망연한 표정으로 방향을 가늠하는 알렉산드라를 돕고 싶어 한다. 처음에는 체첸 청년들이, 다음에는 러시아 병사들이 다가온다. 이들의 행동에는 별 차이가 없다. 러시아 병사들에게 무안을 당하고 물러서는 체첸 청년들이 장난을 치며 멀어져 가는 모습과 알렉산드라를 기차로 안내하고 멀어지는 러시아인들의 모습이 비슷한 방식으로 반복된다. 알렉산드라의 시선

병사들의 안내를 받아 기차
로 향하는 알렉산드라

으로 기차의 창밖을 내다보는 장면에서, 그들은 영락없이 장
난기를 주체하지 못하는 소년들이다. 이곳에는 이런 청년들
이 많나. 삼삼오오 모여 벽에 매달리기도 하고, 서로 엎치락뒤
치락하며 힘을 겨루기도 하는데, 그들의 표정은 차라리 천진
난만하다.

기차에 올라타고 나니 분위기가 사뭇 다르다. 적합하지 않
는 장소, 어울리지 않는 인물의 어색함과 불편함을 영화는 이
동의 피로가 느껴지는 톤 다운된 색조와 클로즈업된 얼굴 표
정으로 전달한다. 낯선 할머니를 의식한 병사들의 호기심과
의아함이 뒤섞인 시선이 교차한다. 알렉산드라의 존재는 아
마 멀리 있는 가족을, 어머니나 할머니를 떠오르게 할 것이다.
눈치를 보던 한 병사가 알렉산드라에게 다가와 말을 건다. 그
러자 장교가 매서운 표정으로 돌아가라는 듯 눈짓을 보낸다.

창밖으로 알렉산드라를 내다
보는 군인들
군인들 내면에는 천진난만한 소
년이 공존한다.

병사는 주눅이 들어 물러선다. 여기서부터 남성들의 모습은
둘로 나뉜다. 책임을 지는 남성들, 군대의 규율을 유지하는 남
성들, 전쟁의 증오를 품고 있는 남성들은 알렉산드라가 불편
하다. 그러나 어쩌면 그들의 다른 모습에 불과한 아들들, 손자
들, 소년들은 알렉산드라에게서 다른 것을 보는 듯하다. 그것
은 전쟁의 반대편에 있는 일상일 것이다. 그리고 군인과 소년
은 모든 남성 속에서 교차한다.

　알렉산드라의 손자인 데니스도 천진난만한 모습으로 등장
한다. 알렉산드라는 손자가 임무를 수행하러 나간 탓에 군부
대에 도착한 밤에는 만나지 못한다. 꿈에서 전날 본 체첸 청년
들이 해맑게 웃는 것을 본다. 눈을 떠보니 옆 침상에서 쏟아지
는 햇빛에 눈을 가린 손자가 아이처럼 웅크리고 자고 있다. 카
메라는 알렉산드라의 관점으로 손자의 상한 발에 속상한 듯 잠

시 머문다. 잠에서 깬 데니스가 밝게 웃으며 할머니를 와락 껴
안는다. 그러나 군복을 제대로 차려입고 부대 곳곳을 안내할
때 그는 이미 다른 사람이다. 이제 데니스는 장교라는 공적인
역할에 합당하게 행동한다. 총기, 탱크 등 살상이라는 군대의
목적과 그것을 통해 수행되는 애국심이라는 이데올로기를 보
여주는 사물들이 그가 알렉산드라에게 보여주는 것들이다. 그
러나 정작 할머니는 총이 아니라 그것을 손질하는 병사들에
게(얼굴을 어찌나 유심히 보고 다니는지 이 영화에서는 "누굴 찾으시
나"라는 대사가 수차례 반복된다), 탱크의 구조가 아니라 손자 같
은 아이들 열 명이 탈 탱크의 비좁음에 더 관심을 기울인다.

알렉산드라는 탱크 안에서 직접 총을 만져보고 방아쇠를
당겨보기도 하지만, 총기가 쉽게 작동한다는 사실은 사람을
죽이기 쉽다는 뜻일 뿐이어서 마음이 불편하다. 할머니에게
일터를 보여주는 손자이자 전쟁 중인 직업 군인이라는 이중성
은 데니스 자신에게도 힘겹다. 무기를 보는 할머니의 시선이
불편하고, 사람을 죽이는 군인이라는 사실이 썩 자랑스럽지
않다.

영화 속에 등장하는 러시아 군인들 사이에서 군인과 소년
의 경계는 직급이 높을수록 분명하고, 낮을수록 흐릿하다. 손
자와 말다툼을 하고 마음이 불편해진 알렉산드라가 부대 내를
돌아다니다가 경계를 서는 병사들에게 다가갔을 때, 아직 앳돼
보이는 이 청년들은 처음 본 알렉산드라를 체첸인으로 오해하

군인들과 알렉산드라

고 거칠게 대하지만 금세 긴장을 푼다. 위압적인 명령조에도 아랑곳하지 않고 다리가 아프다며 의자에 앉고, 감시한다며 노려보는 병사를 손자 보듯 귀엽게 여기는 알렉산드라에게 계속 경계심을 품기는 쉽지 않을 것이다. 안드레이라는 이름의 보초병은 묘기를 부리는 듯 총기를 돌려 보이기도 한다. 그의 행동과 표정은 칭찬을 듣고 싶어 장기를 보여주는 아이와 다르지 않다. 안드레이는 데니스가 자리를 비웠을 때 할머니의 식사를 차려주는 일을 맡는데, 꽃까지 챙겨 식탁을 꾸미는 등 마음을 쓴다.

가장 완고하게 알렉산드라와 충돌하는 사람은 부대장이다. 그는 부대 내를 마음대로 돌아다니는 이 할머니가 못마땅하다. 싸우는 것이 좋으냐, 매일 파괴만 하니 재건하는 것은 언제 배우느냐는 알렉산드라의 힐난이 부대장 입장에서는 답답한 소리일 뿐이다. 그러나 닷새간의 임무를 맡아 부대를 떠나는 데 니스를 배웅하며 알렉산드라가 참담한 표정을 보일 때, 카메라는 알렉산드라의 떨리는 손을 보여준 후 다른 손을 잡아주려는 듯 망설이는 부대장의 손을 클로즈업한다.

전쟁이라는 관점으로 볼 때, 영화에서 이 부대의 반대편에 있는 것은 체첸 시장이다. 알렉산드라의 시장 방문은 영화의 정중앙에 놓인 에피소드다. 이 장면에서 전쟁의 직간접적 결과가 가장 선명하게 드러나고, 긴장도도 가장 높다. 러시아군이든 용병이든 손님을 가리지는 않지만, 생활 터전이 러시아 군대에 의해 파괴된 마을에서 러시아인은 당연히 환영받는 존재가 아니다. 이곳의 아이들은 가난하고 자유가 없다. 소년들은 증오하는 법을 배우고 적개심으로 무장한다. 알렉산드라가 체첸 시장에서 만난 적의로 가득 찬 청년은 그런 의미에서 국적도 나이도 다르지만, 부대장의 다른 버전이다. 담배 가판대를 운영하는 이 곱슬머리 청년은 러시아인인 알렉산드라를 노기 서린 눈으로 뒤쫓는다. 이렇게 된 아이들이 많다며 시장에서 만난 다른 할머니는 안타까워한다. 이 청년은 부서진 건물, 가난한 사람들처럼 전쟁의 결과물이자 희생자다. 그리고 스스로 전쟁의 수행자이기도 하다.

아마도 이 청년의 과거였을 다른 소년은 그보다는 덜한 모습을 보인다. 그 소년의 눈은 아직 증오심에 완전히 매몰되지 않아 맑다. 시장에서 만난 여인의 아들인 이 소년은 러시아인들이 자유를 빼앗아갔다고 원망하지만, 아직까지는 알렉산드라를 적이 아닌 도움이 필요한 노인으로 바라볼 수 있는 마음이 남아 있다. 소년이 알렉산드라를 부대까지 안내하자, 러시아 병사들은 인사를 나누며 고맙다고도 말한다. 적으로 만난다면 서로를 죽이겠지만, 이 만남은 그 심정이 어떻든 간에 일상적이고 그러므로 평화롭다.

여성:
알렉산드라와 말리카

이 영화는 전쟁 영화로 분류되는데, 정작 주인공은 영화에 등장하는 인물 중 가장 전쟁과 무관한 한 할머니다. 어째서일까. 전쟁에 반대하기 위해서는 전쟁 외부의 입장이 필요하기 때문은 아닐까. 『3기니』와 『타인의 고통』은 모두 전쟁·평화의 문제를 젠더와 연결시킨다. 울프는 "전쟁은 남성들의 일"(울프, 2006: 182)이라고 단언했고, 손택은 "사람들이 끊임없이 전쟁에 매혹되는 것을 막을 수 있는 대책이 있을까?"라는 질문이 여성에게서 더 자주 제기될 것이라고 추측했다(손택, 2004: 178). 전쟁의 폭력성이 남성적이고, 평화나 폭력의 치유가 여성적이라는 익숙한 도식에 대해 이 영화는 질문을 제기하지 않는다. 여기서는 감독이 그 자체로 견고한 하나의 논리를 이루는 전쟁과 군대에 타자의 시선을 도입해 그것을 흔들려 한다는 것이 중요하다.

알렉산드라 앞에서 직업 군인들이 '무장 해제'되어 천진한 소년으로 돌아가는 것은 그녀가 전쟁과 무관한 논리에 속하기 때문이다. 걸음이 느리고 잔소리가 많은 이 완고하고 느긋한 할머니는 전쟁의 정반대편에서 날아온 듯한 인물이다. 이질성은 '냄새'로 환기된다. 군부대에 도착한 알렉산드라는 이상한 냄새가 난다고 여러 번 말하는데, 그건 땀 냄새, 사내들의 냄새, 개 냄새 등등으로 설명되지만, 한편으로는 이곳 전체에 감도는 전쟁의 분위기를 이르는 말이다. 그래서인지 데니스에게 할머니가 가장 여러 번 강조하는 것은 청결이다. 그녀는 "깨끗이 씻으라", "인상 쓰지 마라" 등의 잔소리를 되풀이한다. 전장에는 어울리지 않는 요구다. 이 할머니가 손자에게 정말 원하는 것은 가정을 꾸려 일상의 삶으로 복귀하는 것이다. 그것이 그녀가 속한 질서이므로 집에서 만든 음식, 몸을 치장하는 액세서리, 잔소리의 내용까지 알렉산드라 주변의 모든 것은 일상의 삶으로 수렴된다.

물론 영화가 진행되면서 알렉산드라는 새로운 장소에 서서히 적응한다. 군부대에 막 도착했을 때는 기차에서 내리는 것을 거들기 위해 앉으라고 하는 장교에게 "이렇게 더러운 곳에 어떻게 앉느냐"라고 반문하지만, 초소에서는 더럽다고 만류해도 아랑곳하지 않고 자리를 찾아 앉는다. 그래도 기본적으로, 알렉산드라는 주변에 동화되기보다는 자기 분위기를 전염시키는 쪽이다. 예를 들면 알렉산드라는 전투 중인 지역을 방문하러 오면서 구운 고기 파이와 오이 피클을 싸 들고 오는데, 이 음식들은 러시아인에게는 가정을 상징한다. 그녀는 고기 파이를 손자가 아니라 보초병들에게 준다. 신분을 묻고 소지품을 검사하며 누구를 찾아왔느냐고 거칠게 묻는 그 젊은 군인들에게 알렉산드라는 "널 보러 왔지"라며 농담을 건넨다. 어쩌면 그럴지도 모른다. 그녀는 낯선 이 장소를 적대적인 공간으로 이해하지 않는다. 이곳은 그녀에게 무엇보다도, 손자인 데니스와 관련된 공간이기 때문이다. 그래서 이 건장한 청년들은 알렉산드라에게 손자와 다를 바 없는 존재다. 위협이 되지 않는다. 알렉산드라 역시 그들에게 가족을 대신하는 존재로 여겨진다. 그래서인지 알렉산드라가 가는 곳마다 시선으로, 걸음으로 군인들이 따라온다. 누구를 찾는지, 도움은 필요 없는지 자꾸 묻는다. 그녀 주변을 맴도는 청년들과 그녀 사이에 존재하는 것은 대립보다는 교감이다.

알렉산드라가 군인들과 대립하는 순간은 전쟁, 살인, 애국심 같은 추상적이고 거대한 일을 논할 때뿐이다. 알렉산드라가 부대장과 대화하는 장면이 하나이고, 시장에서 체첸인 할머니 말리카와 대화하는 장면이 다른 하나다. 부대장은 통제에서 자꾸 벗어나 문제가 되는 알렉산드라를 불러놓고 "노인들은 면회를 잘 오지 않는데, 대체 뭐가 그리 걱정되어 이곳까지 왔느냐"라고 묻는다. 알렉산드라는 전쟁이 너무 길어져 왔다면서 "싸우는 게 좋으냐", "이런 것은 옳지 않다"라고 말한다. 군인들은 자존심이 대단하지만, 정작 파괴만 할 뿐 재건하는 것은 배우지 못했다고도 지적한다. 부대장은 직업으로 돈

알렉산드라가 체첸 시장에서 만난 말리카

을 받고 전쟁을 수행하는 사람에게 "싸우는 것이 좋아 전쟁을 계속하느냐"라고 묻는 알렉산드라가 순진하다고 여길 것이다. 두 사람이 데니스에 관해 이야기를 나눌 때 부대장의 표정은 냉소적이다. 보초병들과도 비슷한 대화가 오간다. 요컨대 알렉산드라는 그들이 말하는 '모국', 그러니까 전쟁과 살상을 요구하는 국가가 무엇인지 알지 못한다. 그녀에게 그것은 이해할 수 없는 어떤 개념이다.

그래서 국적이 아니라 바로 이 추상적 개념을 기준으로 '우리'가 다시 설정되는 순간이 온다. 체첸 시장의 다른 노파인 말리카와 만나는 장면이다. 앞에서 말했듯이 체첸 시장은 영화에서 가장 긴장되는 장면이다. 다른 언어를 사용하는 사람들의 적대적 눈길이 알렉산드라에게 쏟아진다. 말리카는 군인들에게 부탁받은 담배와 과자를 사기 위해 알렉산드라가 들른 노점의 주인이다. 말리카 본인도 전쟁의 직접적인 피해자다. 알렉산드라에게 앉을 자리를 내주지만, 러시아 군인을 손자로 둔 사람을 대하는 심정의 복잡함은 얼굴에 눈빛에 여과 없이 드러난다. 혼잣말처럼 러시아 병사들은 아직 어린아이 같다, 러시아 군인들에게는 찾아오는 사람도 많다고 하며 웃는데, 어쩐지 그 웃음은 통곡처럼 보인다. 경직된 표정과 참담한 눈빛이, 이 영화가 보여주는 가장 '참혹한' 장면이다. 그런데도 그녀는 이 러시아 할머니를 기꺼이 돕는다. 외상으로 물건을 내어주고, 몸이 불편하냐고 물으며 앉아서 쉴 수 있게 해주며, 집으로 초대해 차를 내준다. 혼자 남은 두 늙은 여인은 그 사실 하나로 연대한다. 그들 사이에는 이해할 수 없는 많은 것이 있지만, 다른 한편으로는 그 순간 말 없이도 첫눈에 이해되는 어떤 것들이 있으므로 말리카는 알렉산드라를 돕고 알렉산드라는 기꺼이 도움을 받는다. 이 여성적 연대에는 복잡한 논리가 필요하지 않다.

말리카는 이렇게 말한다. "악하게 살 필요가 없죠. 남자들이 서로 적이 된다 해도 우리는 처음부터 자매나 다름없지 않은가요."

역사적 사건 대
개인적 경험:
그 둘을 잇는 시선

영화를 성별 구도로 나누면, 한쪽에는 남성들이 살고 있는 역사적 삶이, 반대쪽에는 여성들이 살고 있는 일상적 삶이 존재하는 듯 보인다. 애국심, 자존심, 모국 등 큰 단어로 이루어진 영웅적 세계와 가족, 애정, 음식 같은 친밀한 단어로 이루어진 사적 세계 말이다. 전자는 견고하고 명확하지만, 후자는 말랑말랑하다. 그래서 후자의 영역에서 '우리'의 경계선은 유동적이다. 알렉산드라가 러시아 병사들에게 느끼는 연대감에는 '러시아'라는 국가적·민족적 자긍심이 특별히 느껴지지 않는다. 그보다는 자기 핏줄인 손자에게 느끼는 친밀감의 확장에 가깝다(그녀는 병사들이 말하는 '모국'을 그들과 동일한 논리로 이해하지 못한다).

그러나 일상적 경험은 (당연한 말이지만) 군인들에게도 존재한다. 알렉산드라가 가져온 일상의 공기가 기계적인 전쟁 논리에 눌려 있는 인간적 감수성들을 잡아 꺼낸다. 이것은 말보다는 시선과 행동으로 교환된다. 이 영화를 보고 나서 인상에 남는 장면은 대체로 클로즈업된 '얼굴들'이다. 정확히 말하면 카메라를 똑바로 쳐다보는 그 눈빛이다. 영화에서 대화는 온전한 공감으로 좀처럼 연결되지 않는다. 그 대신 이 눈빛들이, 말이 못하는 것을 해낸다. 논리를 넘어서는 어떤 감수성, 어떤 공통된 경험, 어떤 마음이 일부나마 서로 연결된다. 그리고 화면을 가득 채우며 응시하는 그 얼굴을 바라보며 감정은 관객에게도 전이된다.

그러니까 이 영화에서 공감의 토대가 되는 개인적이고 직접적인 경험은, 어떤 대단한 사건을 통해서가 아니라 두 시선이 마주치는 그 순간에 일어난다. 시선의 교환은 개개의 고통이 전혀 다르고 나름의 방식으로 힘겹게 살아가는 모습이 제각각일지라도, 우리는 동일하다는 사실을 얘기해준다. 이런 방식으로 구성되는 '우리'는 복수적이다. 나는 이 '우리'에 속하면서 동시에 저 '우리'에도 속한다. 그러니 편을 가르기도 어렵지만, 편을 가르는 행위 자체가 무의미해진다. 이것은 전쟁이 파괴한 것을 재건하는 하나의 방식이다.

폭력적 이미지 없이 평화 옹호하기

역사적 경험을 개인적 경험의 차원에서 기술하는 것은 소쿠로프의 다른 영화들, 특히 독재자를 소재로 한 3부작에서 이미 다룬 바 있다. 얼굴이 없는 역사가 개인의 구체적 삶과 맞물리면 선악에 대해 단정적으로 판단을 내리기가 어려워진다. 두 영역의 간극이 너무 클 때, 비극이 생긴다. 이 영화는 상대를 응시하는 시선으로 그 간극을 메운다.

전쟁을 다룬 영화라고 하지만 〈알렉산드라〉는 폭력을 보여주지 않는다. 불길이 치솟는 모습을 멀리서 비추는 단 한 번의 장면만이 전투를 직접적으로 환기시킬 뿐이다. 폭력을 배제한 것은 영화의 색조, 음향, 대사의 분량, 인물과의 거리 등 다른 모든 요소와 어우러져 특유의 서정성과 사색의 가능성을 만들어낸다.

이 영화는 『3기니』와 『타인의 고통』이 말하는 반전(反戰)의 방식 너머로 나아간다. 『3기니』는 이미지가 인간의 보편적인 어떤 감각에 호소한다는 낙관적인 믿음에 기초하고 있고, 반대로 『타인의 고통』은 그런 전망을 비관하면서도 이미지로부터 거리두기가 만들어내는 성찰의 가능성을 강조한다. 그러나 전쟁에 반대하기 위해 전쟁의 모습을 보이는 것만이 최선일까. 폭력적 이미지를 보는 것 자체가 부정적인 영향을 만들어내지는 않을까.

우리는 여인이 강간당하는 영화를 보면 그런 일이 일어나고 있다는 사실에 분노할지 모르지만, 우리 중 대부분이 더 나이가 강간이라는 사건이 부재하는 세상의 모습을 그리는 대신 그 장면 자체에 갇혀버릴 것이다(손택이 『타인의 고통』에서 촉구하는 것이 바로 이미지 이후에 조치를 취하려는 태도이지만, 이런 태도를 보편화할 수 있다는 믿음이 울프보다 진정 덜 순진하다고 할 수 있는가?). 신체가 훼손되는 영상을 보면 경악할지 모르지만, 돌아서서 뇌리에 남는 것은 평화를 구축하려는 지향이 아니라 훼손 장면 그 자체다[손택도 사람들이 이미지를 통해 뭔가를 기억하는 것에는 문제가 없지만, 이미지만을 기억하니까 문제라고 지적하지 않았는가(손택, 2004: 135)]. 그렇다면 폭력이 아니라 평화를 논하는 것이 결국 평화에 이르는 최선의 길이 아니겠는가. 그런 의미에서 〈알렉산드라〉는 전쟁에 반대하는 영화가 아니라 평화의 재건에 관한 영화, 전쟁의 파괴를 보여주는 대신에 관계의 재건을 보여주는 영화다.

08

전쟁 없는
전쟁 영화 〈알렉산드라〉

라승도

　　안드레이 타르콥스키가 확립한 러시아 작가주의 영화의
전통을 충실히 계승하고 있는 소쿠로프는 소비에트 시절에는
물론이고, 포스트 소비에트 시대에도 러시아 영화의 중요한
주제 중 하나인 전쟁에 관해 동시대 영화감독들과는 다른 면
모를 보여주었다. 이와 관련해 가장 주목할 만한 소쿠로프의
영화로 2007년 5월 칸영화제에서 첫 선을 보인 '전쟁 없는 전
쟁 영화' 〈알렉산드라〉를 들 수 있다. 소쿠로프 자신이 "전쟁
없는 전쟁 영화"라고 규정한 데서 알 수 있듯이, 〈알렉산드
라〉는 체첸전쟁을 주요 행위와 사건의 중심 배경으로 삼고 있
지만, 실제 전투 장면은 영화에 단 한 차례도 나오지 않는다.
　　그 대신 영화의 표제 인물로 등장하는 알렉산드라 니콜라
예브나라는 한 노파가 체첸에 주둔하는 러시아 부대의 장교

알렉산드라와 손자 데니스

인 자신의 손자를 방문해 그(의 부대원)와 함께 사흘 동안 생활하다가 왔던 길로 되돌아가는 과정을 차분히 보여줄 뿐이다. 이 과정에서 알렉산드라는 손자와 함께 밤새워 이야기꽃을 피우기도 하고, 낮에는 손자 휘하의 러시아 병사들에게 이것저것 물어보기도 하며 담배 등 필요한 물품을 사다주기도 한다. 또 알렉산드라는 러시아군 주둔지에서 벗어나 체첸 현지인들의 일상 세계 속으로 들어가 체첸 사람들과 소통하는 파격적인 행보를 보이기도 한다. 다시 말해 알렉산드라는 러시아 군대와 체첸 반군 사이에 팽팽한 긴장감이 감도는 가운데 언제 어느 때 총격전이 벌어지고 포탄이 쏟아질지도 모르는 전쟁 상황을 무색하게 하거나 '낯설게 하는' 존재로 시종일관 등장한다.

　이처럼 소쿠로프의 〈알렉산드라〉는 캅카스(Kavkaz)를 공간적 배경으로 해 체첸전쟁을 직간접적으로 다루고 있는 포스트소비에트 시대의 대다수 러시아 영화와 극명하게 대비된다. 〈알렉산드라〉는 무엇보다도 캅카스를 영원한 타자의 공간으로 바라보거나 체첸인을 악마화하는 경향을 전혀 보이지 않는다. 잘 알려져 있듯이 현대 러시아 영화에서는 체첸 등 캅카스가 러시아의 영원한 '내적 타자'이자 '사악한 야만인'의 공간으로 자주 악마화되었다. 게다가 전쟁으로 빚어진 첨예한 긴장과 갈등 상황에서 체첸인에게는 인종적 타자의 이미지와 함께 적으로서의 타자의 이미지가 추가되었다. 이와 함께 체첸전쟁을 다루는 러시아 영화는 대부분 크고 작은 유혈 충돌이나 이런저런 비극적 사건으로 가득 채워진다.

　특히 1994년 발발한 제1차 체첸사태는 소비에트 이후의 러시아 영화에서 캅카스가 타자의 핵심 문화 공간으로 등장하는 데 중요한 배경이 되었는데, 실제로 최근 대다수의 러시아 영화에서 캅카스는 1994년부터 1996년까지 벌어진 체첸전쟁, 1999년 러시아의 체첸 재공격, 그 이후 일어난 크고 작은 전투나 테러, 2008년 조지아(전 그루지야) 전쟁 등으로 말미암아 첨예화된 긴장과 갈등의 공간, 더 나아가 적대와 유혈 충돌의 공간으로 설정됐다. 다시 말해 포스트소비에트 시대 최초로 캅카스를 영원한 타자의 공간으로 진지하게 재호명한 1996년 세르게이 보드로프

(Sergei Bodrov)의 영화 〈캅카스의 포로(Кавказский пленник)〉에서부터 2002년 알렉세이 발라바노프(Aleksei Balabanov)의 영화 〈전쟁(Война)〉을 거쳐 2009년 이고리 볼로신(Igor Voloshin)의 영화 〈올림피우스 인페르노(Олимпиус Инферно)〉에 이르기까지 대략 20년 동안 많은 러시아 영화에서 캅카스는 주로 이 지역에서 벌어진 크고 작은 전쟁이나 전투 상황과 직간접으로 연관되어 영화를 이끄는 이야기의 주된 배경으로 등장했다. 요컨대 이 시기 러시아 영화에서 전쟁이나 전투 상황에 대한 직접적 제시나 간접적 암시가 배제된 채 나타나는 캅카스의 이미지는 지극히 드물었다. 이런 점에서 피 한 방울도 보이지 않고 총성 한 번 울리지 않는 〈알렉산드라〉는 분명히 매우 예외적인 전쟁 영화라고 할 수 있다(이와 관련한 자세한 논의는 라승도, 2011: 321~343 참조).

하지만 전쟁 영화로서 〈알렉산드라〉의 예외성은 영화의 시작에서부터 이미 드러난다. 세계적인 첼로 연주자 므스티슬라프 로스트로포비치(Mstislav Rostropovich, 1927~2007)의 아내이자 오페라 가수로 잘 알려진 갈리나 비시넵스카야(Galina Vishnevskaia, 1926~2012)가 연기한 여주인공 알렉산드라가 여성으로서, 그것도 나이 많은 할머니로서 남성들만의 세계인 군부대를 홀로 방문해 그들 사이에서 사흘을 보낸다는 점에서 그러하다. 게다가 알렉산드라가 손자의 군부대를 방문하기 위해 열차에서 내려 기차역 주변을 둘러볼 때도 그녀의 눈에 비치는 사람들은 군인이든 민간인이든 온통 남성뿐이다. 따라

군인들 속의 알렉산드라

서 젊고 건장한 남성들만 생활하는 군부대와 막사 내에서 할
머니 알렉산드라는 분명히 매우 낯설고 이질적인 존재라고 할
수 있다.

　이런 식으로 〈알렉산드라〉는 처음부터 절대다수의 남성
과 유일무이한 여성, 손자뻘의 젊은 군인과 연로한 할머니 사
이에 극명한 대비를 설정함으로써, 전쟁 상황과 군인 세계에
서 알렉산드라가 어떤 존재인지를 부각시킨다. 이 점은 알렉
산드라가 대위인 자신의 손자와 기쁨으로 해후하기 전 부대를
둘러보는 도중에 병사들로 가득 찬 막사를 옹색하게 비집고
들어가는 장면에서 잘 드러난다. 더욱이 이때 알렉산드라의
눈에 비친 병사들은 전쟁의 긴장감이나 공포감이 투영된 모습

이 아니라 일상의 피곤함이나 나른함이 스며든 모습으로 보인다. 이와 동시에 할머니 알렉산드라는 한편으로는 어색하지만, 다른 한편으로는 가족처럼 친근한 존재로 막사라는 공간에서 푸근한 가정을 느낄 수 있도록 한다. 다시 말해 알렉산드라라는 여성적 존재는 병사들의 딱딱하고 경직된 남성적 세계에 부드러움을 불어넣는 요소로 작용해 궁극적으로는 전쟁 상황을 낯설게 하는 효과를 낳는다.

전쟁 상황과 병영 세계에서 연로한 할머니는 분명히 거치적거리는 불편한 존재일 수도 있지만, 병사들은 자신들 사이를 활보하는 알렉산드라에게 어떠한 불평도 없이 그녀를 자연스럽게 받아들인다. 이와 관련해 주목할 점은 알렉산드라가 병영 곳곳을 돌아다니면서 병사들의 작업 현장과 막사 내부 등을 다양한 각도에서 들여다보는 모습이 자주 제시된다는 사실이다. 이런 점에서 알렉산드라는 외부의 관찰자라고 할 수 있지만, 그녀의 시선은 병사들에게 일말의 불쾌감이나 거부감을 불러일으키지 않는다. 그들은 자신을 바라보는 알렉산드라의 시선에서 어떤 지배적 존재감도 느끼지 않기 때문이다. 오히려 병사들은 그녀의 시선에서 따스한 관심과 사랑을 느낀다. 영화에서 알렉산드라의 여성적 존재가 '어머니 러시아'를 상징하는 근본적인 이유도 여기서 찾을 수 있다. 병사들에게 알렉산드라는 비록 할머니일지라도 자신들을 돌봐주고 보살펴주는 든든한 어머니와도 같은 존재로 다가온다. 이 점은 알렉산드라가 병사들이 필요로 하는 물품을 시장에 나가 사다주는 등 그들의 애로 사항을 조금이나마 해결해주려는 모습에서도 확인할 수 있는데, 이 과정에서 할머니와 병사들의 거리감이 조금씩 줄어든다.

여기서 짐작할 수 있듯이 〈알렉산드라〉의 전반부는 알렉산드라가 체첸에 있는 러시아 군부대에 도착하고 나서 병사들과 조금씩 가까워지는 모습이 담겨 있다. 바꾸어 말하자면 전반부는 할머니와 병사들 사이의 경계가 서서히 사라지는 서사구조로 짜여 있다. 이와 관련해 매우 흥미로운 점은 영화의 후반부가 알렉산드라로 대변되는 러시아와 말리카(Malika)로 대표되는 체첸 사이의 보이지 않는 경계가 사라지는 서사 구조를 띠고 있다는 것이다. 알렉산드라가 러시아 군부대에 도착할 때 기차역에서 가장 먼저 마주친 사람들은 자신의 손자도 손자가 보낸 러시아 병사들도 아닌 두 명의 체첸 청년이다. 이때 알렉산드라는 체첸 청년들을 경계하면서 그들이 내미는 도움의 손길을 거부한다. 하지만 알렉산드라는 영화 후반부에서 러시아 군부대를 벗어나 체첸 시장과 말리카의 집을 방문하고 돌아오는데, 이 여정에서 이전과는 대조적으로 일리아스라는 체첸인 청년의 도움을 받는다. 다시 말해 알렉산드라는 영화 전반부에서 체첸에 도착해 러시아 군부대로 들어갈 때는 러시아 병사들의 안내를 받지만, 후반부에 체첸 시장에서 돌아올 때는 체첸인 청년의 안내를 받는다.

알렉산드라의 체첸 시장 방문에서 첫 번째로 주목할 점은 그녀가 러시아 군부대를 여기저기 둘러볼 때와 같은 시선으로 시장 곳곳을 살펴본다는 사실이다. 그녀는 러시아 병사들에게 사다줄 담배를 고르면서 다른 상품들도 구경한다. 이때 알렉산드라의 눈앞에 체첸의 낯선 시장의 풍경이 다채롭게 펼쳐진다. 여기서의 알렉산드라의 시선은 일면 체첸에 대한 러시아의 우월한 시선을 대표한다고 볼 수도 있다. 하지만 잠시 후 말리카라는 체첸인 노파가 알렉산드라에게 다가와 말을 걸며 자기 집으로 초대하는 장면에서 알렉산드라는 영화 전반부에 병사들에게 보인 따뜻한 시선으로 말리카를 바라보고 그녀의 말에 귀를 기울인다. 이와 관련해 더욱 흥미로운 점은 알렉산드라가 말리카의 집을 방문해 두 노파가 대화를 나누는 장면에서 러시아 할머니와 병사들의 관계가 러시아 할머니와 체첸 할머니의 관계로 바뀐다는 점이다. 여성과 남성의 관계가 여성과 여성의 관계로 바뀌는 것이다. 특히 두 할머니의 여성적 동질성과 유대감은 러시아와 체첸의 문화적 이질성과 배타성을 초월한다. 전쟁이 갈라놓은 러시아와 체첸 사람 사이에 심리적 거리감이나 반목성은 두 할머니 사이에서 전혀 찾아볼 수 없다.

고독하고 고통스러운 노년을 보내고 있는 알렉산드라와 말리카의 실존적 삶에서 전쟁은 전혀 현실적인 문제로 다가오지 않는다. 이들에게는 전쟁이 삶의 후경으로 물러나 있고 어떻게 하면 외롭지도 않고 아프지도 않으면서 남은 삶을 마감

체첸인 노파 말리카

할 수 있을지가 더 절박한 문제로 다가온다. 알렉산드라가 2년 전 남편과 사별하고 홀로 외롭게 지내고 있다고 말하자 말리카도 아픈 과거가 있었다고 말하면서 서로를 위로하고 격려한다. 특히 말리카가 알렉산드라에게 "살다 보면 적이 될 수도 있지만, 우린 다들 같은 형제잖아요"라고 말하는 것에서 알 수 있듯이, 두 할머니의 관계는 전쟁으로 심화되고 있는 러시아와 체첸의 정치적 갈등과 문화적 경계를 초월해 여성적 유대감과 형제애로 더욱 긴밀해진다. 특히 〈알렉산드라〉에서 전쟁이 남긴 상처와 고난의 극복은 바로 이러한 여성적 유대감에서 출발한다는 것을 암시적으로 강조한다. 이 점은 알렉산드라가 만나는 체첸 사람들과 관련된 주요 장면에서 등장하는 인물이 대부분 여성이라는 사실로 뒷받침된다.

알렉산드라는 말리카의 집을 방문해 대화를 나눈 후, 영화 초반부에서 만났던 체첸인 청년 일리아스의 안내와 도움을 받아 손자가 있는 러시아 군부대로 돌아온다. 부대로 돌아오는 길에 알렉산드라는 아무 말도 하지 않는 일리아스에게 무슨 생각을 하느냐고 묻는다. 그러자 일리아스는 그녀에게 "우린 자유를 뺏겼어요. 우린 자유를 원해요"라고 대답한다. 이 말을 듣고 나서 알렉산드라는 "우리가 누구냐?"라고 되물으면서 "우리가 신에게 가장 먼저 구할 것은 바로 지혜다. 힘은 무기나 사람 손에 있는 게 아니다"라는 어떤 일본 여성이 한 말을 일리아스에게 들려준다. 알렉산드라는 일리아스에게 자유를 위한 길을 무기를 앞세운 전쟁에서 찾으려 하지 말고 지혜를 통해 찾으라고 강조하면서, 일리아스가 빠져들지도 모르는 전쟁의 위험에서 벗어나게 해준다. 매우 의미심장하게도 이러한 대화 이후 두 사람이 러시아 군부대 초소에 도착했을 때 일리아스는 러시아군 초병과 악수를 하며 허물없이 인사를 나눈다. 앞서 말리카가 알렉산드라에게 했던 "우린 다들 같은 형제잖아요"라는 말과 "지혜를 통해 자유를 구하라"라는 알렉산드라의 말은, 바로 여기서 일리아스와 러시아 초병의 악수를 통해 구체화된다.

끝으로 알렉산드라는 부대로 돌아와 손자 데니스 대위와 마지막 밤을 함께 보낸 뒤 열차를 타고 고향으로 돌아간다. 이

때 열차에 오르는 그녀를 배웅하는 사람은 말리카와 다른 두 명의 체첸 여성이다. 이들을 대하는 알렉산드라의 태도는 그녀가 체첸에 도착하면서 처음 만난 두 명의 체첸인 청년에 대한 거부감과 극명한 대비를 이룬다. 알렉산드라는 체첸 땅에 처음 발을 들여놓으며 보았던 세계에 이제 더는 거리감을 느끼지 않는다. 영화 마지막 부분에서 그녀는 이전과 달리 체첸의 주변 세계와 사람들에게 익숙한 모습으로 등장한다. 특히 알렉산드라가 자신을 배웅하러 나온 말리카 등 체첸 여성들과 부둥켜안는 장면에서 다시 한 번 여성적 유대감이 강하게 강조된다. 하지만 이들의 짧은 만남은 알렉산드라가 열차에 올라 떠나가면서 긴 이별로 이어지고, 그녀가 뒤에 남겨놓은 세계는 일상으로 되돌아간다.

소쿠로프가 〈알렉산드라〉에서 보여준 전쟁의 세계는 총격이나 총성이 전혀 들리지 않고 어떠한 무력 충돌이나 갈등도 존재하지 않는 지극히 일상적인 모습으로 나타난다. 이처럼 '전쟁 없는 전쟁' 영화에서 특이한 점은, 육체적으로 약한 할머니 알렉산드라가 러시아 병사들과 체첸인들 사이에서 발휘하는 보이지 않는 정신적 영향력이다. 이러한 영향력은 러시아 병사들과의 관계에서는 사랑의 힘이 되기도 하고, 체첸 여성들과의 관계에서는 여성적 유대감이 되기도 한다. 알렉산드라가 병사들과의 세대적 경계를 뛰어넘고 체첸인들과의 문화 차이를 극복하는 힘도 바로 여기에서 나온다.

09

소쿠로프와
반(反)파우스트 지향

김종민

— 권력 4부작 중 앞의 세 작품에서는 역사적인 인물을 다룬 후

　왜 마지막 작품에서는 문학 작품의 인물로 마무리하셨습니까?

— 그(파우스트)는 마가레트를 이용합니다. 히틀러와 레닌,

　히로히토가 자신들의 국민을 이용한 것과 같지요.

　파우스트가 이 독재자들과 어떤 점이 다르겠습니까?

(Szaniawski, 2014: 302)

　　2014년 7월 17일 우크라이나 동부 도네츠크(Donetsk) 상공을 비행하던 말레이시아 항공 MH17기가 친러 반군에 의해 격추되면서 탑승객 298명 전원이 사망했다. 이 사건에 대해 미국과 유럽을 비롯한 서방 언론은 이들을 지원했다는 의혹을 사고 있는 러시아를 즉각 비난하고 나섰다.

　　2013년 시리아 사태의 중재를 통해 국제 사회의 주목을 받

았던 러시아의 푸틴 대통령은 2014년 2월 소치 동계올림픽을 성공적으로 개최해 자국의 역량을 대내외에 과시했고, 한 달 뒤인 같은 해 3월에는 우크라이나의 내분과 혼란을 틈타 크림 반도를 전격적으로 합병함으로써 전략적 이해관계에서 한 치의 양보도 허용하지 않는 주도면밀함을 보였다. 또한 그는 중국과의 협력을 통해 대미 전선을 긴밀히 구축함은 물론이고, 시베리아와 극동 지역 개발을 통해 아시아에서의 영향력 역시 한층 강화하고 있다. 옛 소련의 영광을 재현한다는 목표로 이렇듯 전방위적 활약을 펼치던 그에게 언론이 붙인 '21세기 차르'라는 수식어가 더는 낯설지 않았으나 푸틴 대통령은 이 여객기 피격 사건으로 서방의 고강도 제재 움직임이 보이자 러시아의 책임을 부정하면서 서둘러 선긋기에 나섰다. 그는 우크라이나 동부 지역이 평온한 상태에 있었다면 298명의 죽음이라는 여객기 참사는 피할 수 있었을 것이라고 주장하면서 어느 누구도 편협한 정치적 목적을 위해 이런 비극을 이용해서는 안 되며, 그럴 권한도 없다는 점을 강조한 것이다.

말레이시아 민항기 피격 사건은 근본적으로 친러 반군을 통해 우크라이나에 대한 영향력을 계속 행사하려는 러시아로부터 비롯됐다는 것이 서구의 일반적인 시각이지만, 푸틴 대통령은 이 사건에 대해 정치적 잣대를 적용하면 안 된다는 논리를 펼치고 있다. 친러 반군이 장악한 우크라이나 동남부 지역에 국가의 지위를 부여하는 방안을 협의해야 한다는 그의 8월

31일 발언이 논란을 일으키자, 페스코프(Peskov) 러시아 총리 공보실장이 동남부 지역의 반군 참여 협상을 강조한 것일 뿐 해당 지역의 주권을 의미하는 것이 아니라고 하며 진화에 나선 것이 대표적인 사례다. 수세에 몰리고 있으나 책임을 인정하지 않으며 오히려 강경한 자세로 일관하고 있는 푸틴 대통령의 정치적 행보는 일면 알렉산드르 소쿠로프의 영화 〈파우스트〉와의 상관관계를 연상시키기에 충분하다.

2011년 제68회 베니스 국제영화제에서 소쿠로프 감독에게 최고 권위의 황금사자상을 안겨준 이 영화는 당시 푸틴 총리의 지원을 받아 제작되었다. 소쿠로프 감독은 당시 그의 지원이 없었다면 영화가 세상에 빛을 보기 어려웠을 것이라고 언급하고 있다. 2008년 불어닥친 세계금융위기의 여파로 러시아 영화계 역시 자금난을 겪던 차 이듬해인 2009년 소쿠로프 감독은 푸틴 총리를 방문하여 〈파우스트〉 영화 계획을 설명하고 그로부터 한 달 후 조성된 영화기금 펀드를 통해 영화 제작비를 지원받기에 이른다. 구동독 시절 KGB 근무를 통해 독일 문화에 익숙한 푸틴 당시 총리는 영화 제작에 각별한 관심을 보였다는 후문이다. 소쿠로프 감독은 히틀러를 묘사한 〈몰로흐〉와 레닌을 그린 〈토러스〉, 히로히토를 다룬 〈The Sun〉에 이어 마지막 작품 〈파우스트〉를 통해 자신의 권력 4부작을 완결 짓는다. 전작에서 권력자들의 인간적인 내면에 초점을 두면서 권력의 본질을 새로운 각도에서 조명한 소쿠로프 감독은 영화 〈파우스트〉를 통해서도 특유의 미학적 영상과 철학적 사유를 끊임없이 제기한다.

소쿠로프 감독은 1980년 12월에 이미 영화를 구상하기 시작했으나 당시 소비에트의 정치적 상황으로 인해 영화 제작에 바로 착수하지 못했고, 대신 파우스트 관련 기록을 직접 하면서 이미지를 형상화하려고 노력했다고 술회한 바 있다. 60년이라는 긴 세월 끝에 『파우스트』를 탈고한 괴테에 비할 수는 없지만, 소쿠로프 역시 이 영화에 대한 구상을 30년 전부터 하고 있었다고 밝힘으로써 독일 문학을 대표하는 작품이자 세계 문학사에 손꼽히는 고전 『파우스트』를 토대로 만든 동명의 영화 제작이 본인에게도 상당한 도전이었음을 시사하는 것이다.

소쿠로프의 전작에 등장하는 주인공이자 우리에게 이미 익숙한, 20세기의 대표적인 권력자들과 달리 고전 속의 주인공인 파우스트를 소쿠로프 감독이 어떤 방식으로 통찰하고 있는지 주목할 필요가 있다. 단순히 고전을 영상으로 옮긴 데 그치지 않고 사실상 재해석하고 있는 이 영화의 메시지가 여전히 유효하기 때문이다. 베니스 국제영화제 수상 이후 수년이 지났지만, 아직까지 해당 영화에 대한 국내의 연구가 미진한 상황에서 당대의 대문호와 달리 오늘날을 사는 소쿠로프가 동시대인들에게 강조하는 바를 파악함으로써 난해한 영화라는 인식을 재고할 목적도 있다.

파우스트 도대체 왜 자네는 사탄을 믿게 된 건가?

선이 존재하지 않으면 악도 존재하지 않는 법이지, 그렇지 않은가?

바그너 아니요, 선은 존재하지 않지만 악은 존재하더란 말입니다!

영화 <파우스트> 중

1. 시간과 돈

파우스트는 해부가 끝난 시신을 운반해 매장할 인부들에게 지불할 삯마저 제때 주지 못할 정도로 경제 상황이 좋지 않다. 그는 시신 해부를 하는 도중 조수 바그너(Wagner)에게서 식사 접시를 건네받지만 음식 부스러기밖에 없는 접시는 그의 궁핍한 생활을 고스란히 보여준다. 배고픔을 느낀 그는 의사인 부친을 찾아가지만 부친은 그에게 줄 돈은 없다고 잘라 말한다.

부친에게 돈을 거절당한 파우스트는 궁여지책으로 전당포를 방문해 고리대금업자 뮐러(Müller)를 만난다. 뮐러는 괴테가 그린 원작의 메피스토펠레스에 해당한다. 소쿠로프 감독은 괴테가 했던 것처럼 검은 개로부터 변모하는 메피스토펠레스를 묘사하지 않는 대신 파우스트가 담보물을 들고 전당포 업주를 방문하게 함으로써 영화에 현실성을 더한다. 물품을 담보로 돈을 빌려주는 전당포에서 정해진 기간, 즉 시간은 새삼 강조해도 지나침이 없다. 원작에서 메피스토펠레스가 노년의 파우스트 박사에게 영혼을 담보로 회춘을 제공하는 계약 역시 파우스트가 충만한 순간을 느끼며 멈출 것을 명하는 시점까지의 시간문제라는 점을 고려할 때 메피스토펠레스와 뮐러의 입장이 다르지 않다. 다만 소쿠로프 감독은 전당업자라는 등장인물을 통해 그 계약 과정에 돈을 개입시킨다. 그리하여 뮐러의 돈은 원작에서 메피스토펠레스의 지폐 발행의 위력을 뛰어넘는 강력한 힘을 발휘하면서 영화 전편을 지배하는 요소로 작용한다.

메피스토펠레스는 마법으로 일순간에 지폐를 만들어냄으로써 재정난에 봉착한 고대의 황제를 구함으로써 황제가 파우스트를 절대적으로 신임하게 만든다.

> 황금이나 진주를 대신하는 이런 지폐는
>
> 아주 편리하고, 자기가 얼마를 갖고 있는지도
>
> 알 수 있소이다.······
>
> 사람들이 지폐에 익숙해지면, 다른 것은 원치 않을 겁니다.
>
> 그리하여 이제부터는 폐하의 영토 어디를 가나.
>
> 보석과 황금과 지폐가 얼마든지 넘쳐날 것이옵니다.
>
> (괴테, 2008: 184~185)

황제는 처음에 이러한 지폐 발행에 의혹의 시선을 보내지만, 곧 그것이 금화 대신 통용되며 완벽히 급여로 사용되는 현실을 보며 감탄을 금치 못한다. 영화에는 각색되어 등장하지 않지만, 헬레네를 만나는 인연으로 발전하는 계기가 바로 메

반지, 현자의 돌

피스토펠레스의 마법에 의한 지폐 발행이다.

전당포를 찾은 파우스트는 뮐러에게 '현자(賢者)의 돌'이라
는 반지를 저당 잡힌다. 감독은 이 반지를 상당히 클로즈업해
선보인다. 영화 도입부에서 시신의 남근 장면을 제외하면, 특
정 사물에 대한 클로즈업 화면은 더 이상 등장하지 않는다. 파
우스트와 마가레트 얼굴의 미묘한 감정선을 롱테이크 기법을
통해 클로즈업 화면으로 처리한 것이 유일하다. 저당물이 보
통 반지가 아니라 세상 사물의 본질을 해명해주는 반지라는
뮐러의 지적에 파우스트는 높은 값을 기대하지만, 곧바로 뮐
러는 반지의 특성상 생명은 값이 없으며 죽음은 더더욱 가치
가 없기 때문에 값을 높게 쳐줄 수 없다고 말한다. 그러자 낙
담한 파우스트는 값나가는 물건이 어떤 것인지를 묻고, 뮐러

는 시간과 예술을 언급한다.

원작에서 괴테는 누구보다 시간의 경과를 안타까워하면서 탄식하는 파우스트를 묘사함으로써 1부를 시작한다. 뒤이어 조수 바그너를 등장시켜 "예술은 길고 인생은 짧다"라는 말까지 교수에게 들려줌으로써 파우스트의 탄식을 재차 확증한다. "오, 맙소사! 예술은 길고/ 우리의 인생은 짧습니다.…… 그 길 중간에도 다다르기 전에/ 우리 같은 불쌍한 바보는 벌써 죽어야만 한답니다"(괴테, 2008: 21). 시간과 예술에 대한 바그너의 이 같은 발언은 영화 속에서 뮐러의 발언을 통해 그대로 옮겨진다고 볼 수 있다.

시간과 예술은 기실 현재의 파우스트로서는 감당하기 어려운 것들로 뮐러의 판단에 의하면 파우스트는 이른바 값나가는 것을 지니고 있지 못한 상태다. 더구나 뮐러에 의해 가치를 인정받지 못하는 반지는 바로 파우스트의 학문을 상징한다. 사물의 본질을 해명한다는 반지의 특성과 학문을 연구하는 학자의 본질이 근본적으로 동일하기 때문이다. 즉, 뮐러에게 냉대받은 것은 파우스트의 반지일지 모르나, 이는 표면적인 것일 뿐 사실상 평생에 걸쳐 '세상 사물의 본질'을 탐구했던 파우스트 자신이 평가절하된 것과 같다. 원작에서 자신이 연구한 모든 학문의 덧없음을 토로했던 파우스트는 이제 영화에서 뮐러에 의해 그간의 학문적 성과를 비판받는 존재로 전락하는 것이다. 이외에도 파우스트의 학문적 권위를 부정하는 장면은 곳곳에 등장한다.

점성학과 천체에 해박하다는 파우스트에게 혜성에 대해 질문한 술집 주인은 그로부터 배기가스의 결과라는 답을 듣지만, 하늘에서 방귀를 뀐 것이라며 제멋대로 해석한다. 오빠의 장례식 직후 숲 속에서 마가레트와 첫 대화를 나누는 장면에서 파우스트는 식물에 조예가 깊지 않다는 의구심을 삼으로써 급기야 정말 교수가 맞는지를 의심받는다. 바그너와 대화하면서 태초에 존재한 것이 사유라고 주장했던 파우스트의 입지가 무색해지는 순간들이다. 그럴수록 육체를 통한 존재의 확신과 집착만 남게 되는 것은 당연한 수순일 수밖에 없다.

그러나 파우스트는 이 반지를 저당물로 맡긴 후 돈을 바로 건네받지는 못한다. 나중에 뮐러에게서 반지를 돌려받으면서도 돈이 더 낫다는 푸념을 늘어놓는다. 자신의 학문적 가치보다 돈의 가치가 더 낫다고 자인하는 장면이다.

반지에 대한 뮐러의 평가와 관계없이 파우스트가 직접 반지를 담보물로 가져온 것은 앞에서 설명한 것처럼 그 스스로 일생에 걸쳐 진력한 학문을 내놓으려 한 것과 같다. 원작에서 학문적 결실을 한탄하는 데 그쳤던 파우스트가 영화 속에서는 이를 직접 시현하는 모습이다. 한편 반지를 되돌려줬던 뮐러는 파우스트와 산책하면서 그를 빨래터로 인도해 마가레트(Margarete)를 선보인다. 마가레트를 유혹하기에 앞서 값비싼 보석을 보내 그녀의 마음을 먼저 사로잡는 원작 속 파우스트와 달리, 영화에서 그는 마가레트의 오빠 발렌틴(Valentin)을 먼저 죽이고 가난한 그녀의 집에 밀러를 통해 돈을 보냄으로써 자연스럽게 마가레트와 대면할 기회를 만든다. 결국 반지를 저당 잡히고 파우스트가 받고자 했던 돈은 자신의 궁핍한 생활을 타개하는 데 사용된 것이 아니라 젊은 처녀의 환심을 사기 위해, 즉 자신의 정욕을 위해 사용된다.

원작에서 파우스트가 자신의 영혼을 담보로 거래하는 것은 존재 여부도 불투명하고 불확실하며 유일무이한 '찰나의 순간'이다. 물론 유일무이한 순간을 붙잡는 것이 사실상 불가능할지도 모르지만, 악마와의 내기에서 지더라도 파우스트는 최소한 '지속하지 않는 순간'만큼은 그 순간을 경험하게(하인리히, 2008: 77) 될 수도 있다. 그러나 내기가 진행되는 내내 파우스트는 냉소적 세계관을 주입시키는 메피스토펠레스와 끊임없이 대화를 나누고, 그로부터 영향을 받기 때문에 비록 내기에는 졌어도 진정한 승리는 파우스트에게 있다는 전통적인 역설의 의미는 반감될 수밖에 없다(안장혁, 2011: 22). 메피스토펠레스와의 계약에서 파우스트의 확고한 우위를 논할 수 없다는 이 같은 견해는 영화에서도 그대로 반영된다.

반지를 돌려받음으로써 양자 간의 거래는 일단락되지만 파우스트는 마가레트에 대한 탐욕에 눈이 먼 나머지 그녀의 모친에게 돈을 건네줄 것을 밀러에게 부탁함으로써 사실상 거래는 다시 재개된다. 밀러는 마가레트의 모친을 찾아가 돈을 건네면서 이 돈이 파우스트의 반지 값이라는 사실을 분명히 밝힌다. 물론 뮐러는 이 거래로 인해 결과적으로 파우스트의 영혼까지 취할 수 있는 계기를 마련한다. 결과적으로 말해 파우스트는 자발적으로 담보물을 들고 뮐러를 찾아와 그로 인해 마가레트를 알게 된 후 자신의 명(命)을 재촉하는 계약서에 스스로 서명한 것과 같다. 뮐러를 먼저 찾아와 거래를 시작한 것도 강요나 타의에 의한 것이 아니라 파우스트의 자발적인 선택이었으며, '과거부터 현재까지의 시간'을 담보로 받았어야 할 돈을 애초의 목적과 다르게 오용함으로써 포착 여부도 불분명한 자신의 '미래의 시간'과 거래한 것도 주체의 자발적 의지라는 점이 강조된다. 악마주의는 사탄으로부터 비롯된 것이 아니라 인간으로부터 비롯된 것이며, 인간 자체에 있는 것이다(Хренов, 2013).

이쯤 되면 반지에 해당하는 돈이자 마가레트 집에 건네진 돈은 파우스트가 그토록 원하던 마가레트에게만 영향을 미치는 것이 아니라 파우스트의 육체를 넘어 그의 영혼까지 좌지우지하기에 이른다. 육체와 영혼의 문제에까지 관여함으로써 돈은 모든 가치의 절대적인 표현과 등가물이 되고, 사실상 신처럼 개별적인 것을 초월함은 물론 자신의 전지전능함을 최고의 원리인 것처럼 신뢰하게 한다(짐멜, 2013: 388). 이 돈을 손에 쥐고 주무르는 사람이 바로 전당포 업주 뮐러다. 한 여인을 넘어 한 남성의 젊은 육체, 그리고 그의 영혼까지 넘볼 수 있는 전지전능한 돈은 사실상 신의 위치에 가까운 존재나 다름없다. 원작의 서곡에서 파우스트를 자신의 종으로 부르며 메피스토펠레스의 시험을 허락했던 신을 기억한다면 영화에서 뮐러는 사실상 신에 근접한 돈을 이용해 파우스트를 효과적으로 유혹하고 있다. 인간의 얼굴을 한 자본주의의 표상이자 뼛속까지 실용적인 유물론자(Szaniawski, 2014: 257)라는 평가지 듣는 그는 원작의 메피스토펠레스를 뛰어넘는 강력한 악의 현현(顯現) 수단으로 시간과 돈을 사용하고 있는 것이다.

2. 영혼과 육체

존재의 편린(片鱗) 별자리를 보고 인간사와 세상의 운명을 예언하는 것은 중세 당시에는 하느님이 정해준 섭리와 다르게 인간의 눈으로 자연과 인간의 이치를 해석하는 것이기 때문에 '이단'으로 규정되었다. 요컨대 갈릴레이가 '지동설'을 주장하고 종교 재판에 회부되었던 맥락과 일치한다(이재원 외, 2007: 43). 따라서 파우스트 방에 있는 천체 망원경과 이를 보는 뮐러는, 이들이 어떤 범주의 인물인지를 가늠케 한다. 반지를 돌려주기 위해 파우스트를 찾은 뮐러는 그의 방에 설치된 천체 망원경으로 달에 있는 원숭이를 발견한 뒤 환호한다. 누구보다 천체를 많이 관측했을 파우스트는 뮐러의 이 말을 거짓이라며 믿지 않는다. 망원경의 거리 조절이나 각도 조절 없이 똑같은 조건에서 관찰한 두 사람의 결과가 서로 상반된다. 영화는 달이라는 같은 대상을 보면서도 원숭이의 실존 여부를 부정하는 두 사람의 모습을 통해 존재의 모순을 제기한다. 파우스트가 관찰하는 세상과 뮐러가 보는 세상의 근본적인 차이를 통해 이 객체들의 태생적 이질성을 보여주는 것이다.

한편 부친의 병원을 방문한 파우스트는 그곳에서 진동하는 썩은 냄새에 몸서리를 친다. 병들고 죽어가는 사람을 살리는 병원과 모순되는 부패한 냄새는, 서로 상극이어야 할 대상들이 어쩔 수 없이 공존하는 것 또한 현실이라는 점을 시사한다.

장례의 운구 행렬이 한 마차와 함께 비좁은 길을 지나는 장면도 같은 맥락에서 이해할 수 있다. 마차 안에 실려 있는

원숭이를 보는 뮐러

것은 바로 돼지들이다. 가장 왕성한 식욕을 대표하는 생명체 중 하나인 돼지와 어떠한 욕구도 있을 수 없는 고인의 운구 행렬이 불가피하게 좁은 골목길에서 나란히 갈 수밖에 없는 상황이 연출된다.

파우스트가 전당포를 처음 찾았을 때 뮐러는 마침 소유하고 있던 파우스트의 저서를 가져와 그에게 친필 사인을 요청한다. 파우스트의 저서는 인간의 생리학에 관한 것이었으나 사실 파우스트의 생리에 대해 누구보다 더 잘 알고 있는 것은 전당포 업주라는 점에서 역시 아이러니가 아닐 수 없다. 이러한 인간 존재의 문제를 더욱 선명하게 나타내는 것은 박사의 시신 해부 장면이다.

소쿠로프 감독은 화면을 가득 채울 정도로 남근을 클로즈업한 후 파우스트 박사의 연구실을 비춘다. 이 클로즈업 화면 때문에 박사와 조교 바그너보다 더 관객의 눈길을 사로잡는 것은 그 남성의 시신이다. 생전에는 건장한 몸이었을 그 남성은 이제 해부용 실습 교재가 되어 연구실에 놓여 있는데, 박사와 조교는 그 육체 속 장기들을 꺼내면서 관찰하기에 바쁘다. 곧이어 해부가 끝난 시신을 바로 일으켜 세우자 개복된 부위에서 장기가 마치 고깃덩이가 쏟아지듯 연구실 바닥으로 떨어진다. 희미하게 안개에 쌓인 듯한 몽환적 이미지로 인해 마치 한 폭의 회화 같은 느낌을 주는 영화의 전체적인 분위기와는 확연히 대비되는 이질적인 장면이다.

시신을 해부하는 파우스트와
바그너

    바그너는 시신을 해부하는 파우스트를 향해 몸에 대해서
만 말을 할 뿐, 영혼에 대해서는 한마디도 없는 까닭을 묻는다.
그러자 파우스트는 영혼을 찾지 못했기 때문이라고 심드렁하
게 대꾸한다. 파우스트는 일종의 도살장 작업처럼 고된 일과
시신 속 장기, 가난에 찌든 현재의 삶에서 단지 벗어나기를 원
한다. 뮐러는 그의 이러한 소소한 바람을 초월해 바랄 수 없던
열망을 충족시키도록 바꿔놓는다. 그리하여 뮐러의 유혹을 받
은 파우스트는 더 이상 존재 의미를 지니지 못하는 시신을 헤
집으며 영혼을 찾는 대신, 젊은 여성을 통해 자신의 갈망을 확
인하려는 역설적인 길을 가게 된다. 원작에서 파우스트가 "비
록 순간이 될망정 현존한다는 것은 의무"라고 말하는 시점 역
시 헬레네와 사랑을 나누는 순간이라는 사실과 일맥상통하는

부분이다(괴테, 2008: 291). 즉, 일생에 걸쳐 수많은 병자와 시신을 접하며 학문을 연구한 파우스트 박사는 영혼을 찾는 데 실패하지만, 철자와 문법도 제대로 쓸 줄 모르는 등 학력 수준이 심히 의심되는 뮐러는 계약서에 서명만 하면 약속을 이행하는 대가로 그의 영혼을 가져가겠다고 말하는 상황이다. 욕망이라는 기저를 통해 존재를 확인하려는 시도에 지적 수준의 높고 낮음은 하등 관계가 없음을 보여주는 대목이다.

사실 메스를 손에 쥐고 시신을 해부하면서도 게걸스럽게 먹고, 부친의 병원을 방문하면서도 먹을 것부터 찾았던 사람이 파우스트다. 그러나 그렇게 굶주렸고 돈이 필요했지만 마가레트에 대한 탐욕 때문에 자신에게 필요한 돈을 그녀의 집에 건네

뮐러의 계약서 요구

주라고 한 사람도 파우스트다. 영화는 그의 원초적인 식욕과 육욕을 통해 인간이라는 존재의 부조리를 극명하게 보여준다.

배고픈 육신의 문제는 돈을 통해 해결할 수 있으나 담보를 요한다. 물론 뮐러는 파우스트에게 반지를 돌려주어 즉각 돈을 지불하기를 거절한다. 반면 파우스트의 욕정 문제는 마가레트를 통해 해결할 수 있으나 영혼을 대가로 한다. 파우스트는 후자에 더 관심이 있을 뿐만 아니라 뮐러가 적극 권장하는 것도 후자 쪽이다. 문제는 파우스트의 욕정 문제 역시 그의 육체를 전제로 하고 있다는 점이다. 즉, 두 가지 상황 모두 육체와 관련된 문제인데 욕정을 해결하는 일이 영혼을 내줄 만큼 가치 있는 것인지에 대한 문제가 제기될 수밖에 없다. 마가레트에 대한 정욕으로 금전적인 문제도 후순위로 밀려나는 파우스트의 상황을 보면서 관객은 돈과 육체와 영혼의 상관관계에 대해 생각하지 않을 수 없게 된다.

원작과 달리 영화에서 파우스트 박사는 노년의 인물로 그려지지 않으며, 뮐러와의 '계약서 서명' 이후에도 딱히 젊어지지 않는 이유를 여기에서 찾을 수 있다. 소쿠로프 감독은 시신 해부 장면과 돈, 그리고 담보물을 거래하는 전당포 업주를 만들어냄으로써 청춘을 돌려받는 파우스트 박사를 굳이 묘사하지 않아도 육체와 영혼에 대한 가치문제를 충분히 비교하며 숙고하도록 상황을 설정하고 있는 것이다.

영혼 없는 육체   전당포 업주 뮐러는 성긴 머리와 힘없어 보이는 창백한 얼굴과 달리 상당히 그로테스크한 몸을 지니고 있다. 그는 파우스트 박사와 함께 방문한 빨래터에서 주위의 시선도 아랑곳하지 않은 채 옷을 벗고 물속에 몸을 담근다. 축 처진 살덩어리와 비곗덩어리로 뭉쳐진 그의 헐벗은 몸은 일시에 대중의 혐오를 불러일으키며, 그의 나신을 본 파우

빨래터 속 뮐러

목욕하는 뮐러

스트조차 숨죽이며 경악하는 가운데 괴물을 떠올린다.

또한 빨래터의 물속을 이리저리 거니는 뮐러는 주위 사람에게서 어디가 앞이고 뒤인지 모르겠다며 비아냥대는 소리까지 듣는다. 그는 성기 또한 몸의 앞쪽이 아니라 둔부 쪽에 마치 꼬리처럼 붙어 있는 것으로 희화화되어 묘사된다. 정상적인 인간으로 보기 힘들 정도로 기형적인 몸 때문에 조소의 대상이 될 수밖에 없는 존재다.

파우스트는 바로 이러한 장면에서 청순한 마가레트를 발견하고는 좀처럼 시선을 떼지 못한다. 파우스트는 물속에 몸을 담근 뮐러를 보면서 역겨움을 느끼는 반면, 역시 같은 물속에 있는 청순한 마가레트를 보면서 정욕을 느낀다. 같은 시각, 같은 장소에 나란히 위치한 뮐러와 마가레트는 서로 다른 육체의 미추를 극명하게 각인시키며 그녀의 아름다움을 배가시킨다.

한편 뮐러는 기괴할 정도로 보기 흉한 몸 때문에 기피의 대상이 되지만 파우스트 연구실에 놓인 독미나리 용액을 마셔도 일시적인 복통과 배탈만 일으킬 뿐 아무런 제약도 받지 않는다. 마가레트의 모친은 나중에 이 용액 때문에 사망한다. 뮐러가 보통 인간이 아니라는 것을 시사하는 부분이다. 또한 파우스트의 부탁을 받은 뮐러는 마가레트의 모친에게 돈을 건네면서 죽은 남편과 과거 아기의 유산 문제까지 언급한다. 모친은 자신만 알고 있는 비밀을 낱낱이 알고 있는 뮐러에게 모종의 두려움과 알 수 없는 힘을 느낀다. 이러한 일련의 시퀀스는

용변을 보려는 뮐러

겉으로 드러나는 외모와 육체의 허상을 드러내며, 뮐러의 진
정한 힘과 능력이 육체에 구속되지 않음을 증명한다.

비정상적인 신체만큼이나 뮐러의 기행도 눈살을 찌푸리게
한다. 성당 앞에서 버젓이 용변을 보려고 하면서도 그는 거리
낌이 없다. 영화 도입부에서 해부용으로 사용된 시신 역시 사
실 얼마 지나지 않아 부패할 하나의 육신에 불과하지만, 클로
즈업된 남근과 그 남성의 시신을 보고 조소를 던질 이는 많지
않을 것이다. 하지만 뮐러는 보잘것없는 육신을 가졌다는 이
유로 역시 영생을 지속하지 못하고 스러질 만인에게 경멸을
받는다. 하지만 그는 이러한 경멸에도 아랑곳하지 않고 도리
어 회개와 구원을 통해 '영생을 기약할 수 있는' 성당을 '자신
만의 방식'으로 경멸한다.

또한 전당업자 뮐러의 아내라고 주장하는 중년의 여인은 파우스트와 바그너 주위를 맴돌던 중, 선은 없지만 악은 존재한다는 바그너의 발언이 끝나자마자 그 말이 옳다면서 맞장구를 친다. 화려한 옷치장만 부각될 뿐 별다른 존재감을 보이지 못하는 부차적인 인물이지만 바그너의 이 발언에 힘을 실어주는 역할을 하고 있다.

성당에 대한 일갈은 용변 배출이라는 일회성 비판에 그치지 않는다. 기부 의사가 전혀 없으면서도 뮐러가 태연히 성당에 기부 의사를 밝히자 일순간 표정을 바꾸며 반기는 신부 또한 지탄의 대상이 될 수밖에 없다. 원작에서 메피스토펠레스는 다음과 같이 교회를 비판한다. "교회는 튼튼한 위장을 가졌으니/ 온 나라를 집어삼키고서도/ 아직 한 번도 체해본 적이 없습니다"(괴테, 2008: 82~83). 영화에서는 전당업자 뮐러의 아내가 잠시 등장해 파우스트에게 뮐러의 위가 약하다고 말하는 장면이 있다. 위가 좋지 못하지만 독미나리 용액을 복용해도 멀쩡히 살아남는 뮐러는 명백히 여느 인간과 다른 존재임을 시사하며, 튼튼한 위장을 가졌다는 '교회'와 대비되는 존재임을 증명하는 것이다.

또한 파우스트가 신부를 가장해 마가레트의 고해성사를 듣는 동안 뮐러는 성모상을 껴안고 입을 맞추는 엽기적 기행을 일삼는다. 원작에서 마가레트는 어머니와 오빠를 죽음에 이르게 했다는 죄책감에 사로잡혀 성당을 찾지만 그녀를 맞이

성모상에 키스하는 뮐러

하는 것은 사후에 있을 준엄한 심판의 경고일 뿐, 그녀를 향한
일말의 동정이나 구원은 전혀 엿보이지 않는다. 하지만 영화
속 성당 장면은 파우스트 때문에 흔들리는 마가레트의 고백까
지 묘사한다. 몸이 성한 파우스트도 마가레트의 마음을 떠보
기 위해 고해성사를 악용하고, 뒤틀린 육신을 가진 뮐러도 성
모상에 저지른 추잡한 행동으로 신을 모독한다. 경건한 신앙
이 자리 잡아야 할 신성한 장소에 구원은 보이지 않고, 기만과
술수, 욕망이 판을 치는 모습은 분명 영혼의 존재 자체를 의심
케 만드는 장면이다.

명성의 허상　영혼의 부재를 여실히 보여주는 성당 장면은 육체를 더욱 부각시키고, 그러한 육체는 파우스트에게 욕망을 통한 존재를 확인시키지만 영화에서는 바그너의 경우를 통해 육체 없는 영혼의 상황 또한 보여준다.

철학, 법학, 의학, 신학 등 수많은 학문을 섭렵했지만 결국 허망함을 느끼고 밀러의 유혹을 거부하지 못했던 파우스트와 달리 조교 바그너는 자신의 스승조차 이루지 못했던 인조인간 호문쿨루스를 만들어낸다. 원작과 달리 영화에서는 헬레네가 별도로 등장하지 않기 때문에 마가레트의 비중이 그만큼 커질 수밖에 없다. 이러한 전제를 뒷받침하는 대목이 바로 바그너와 마가레트가 조우하는 장면이다. 즉, 원작 속 헬레네가 수많은 뭇 남성들의 선망의 대상인 것처럼 영화 속 마가레트도 파우스트 박사를 비롯한 뭇 남성들로부터 구애의 대상이 되고 있는 것이다.

발렌틴의 장례식에서도 그녀에 대한 관심을 내비쳤던 바그너는 우연히 길에서 마가레트를 발견한다. 바그너는 그녀에게 호문쿨루스를 만들었다는 사실을 세 번씩이나 자랑스럽게 말하면서 자신이야말로 진정한 파우스트라고 강변한다. 바그너에게 관심이 없었던 마가레트는 그를 피해 서둘러 몸을 돌려 나가지만, 순간적으로 서로 부딪치면서 바그너가 몸에 지니고 있던 호문쿨루스가 땅에 떨어지고 만다. 호문쿨루스는 근대 과학의 산물이지만 유리관을 벗어나서는 살아갈 수 없는 유약한

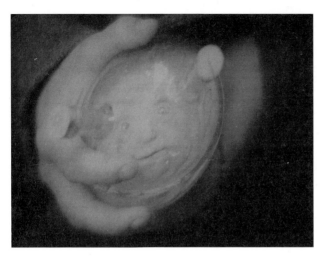
유리관 속 호문쿨루스

존재다. 그러나 유리관이 깨지면서 안타깝게 죽어가는 장면은
육체 없는 영혼의 존재 또한 무의미하다는 사실을 일깨운다.

  원작에 등장하는 호문쿨루스에 대한 괴테의 남다른 관심
과 달리 영화 속 호문쿨루스는 대사 한마디도 없을 정도로 비
중이 미미하다. 일찍이 괴테는 『파우스트』를 무대에 올릴 경
우 바그너는 호문쿨루스가 들어 있는 병을 손에서 놓아서는
안 되며, 호문쿨루스 역할은 복화술을 하는 사람이 맡아야 한
다고 생각한 적이 있기 때문이다(에커만, 2013: 543). 바그너는
마치 분신처럼 아끼는 호문쿨루스를 마가레트에게 과시하고
싶었지만 그녀는 이를 외면한다. 유리 파편에 피를 흘린 채 말
한마디도 제대로 못하며 죽어가는 호문쿨루스의 모습은 사랑
하고 또한 인정받고 싶었던 바그너의 욕망과 좌절을 그대로
반영한다. 이것은 결국 소쿠로프의 관심의 초점이 근대 과학

의 산물인 인조인간 자체에 있다기보다는 그것을 창조해낸 바그너에게 있다는 것을 의미한다. 일찍이 감독은 권력자들의 역사보다 권력자들의 인성 자체에 더 관심이 있다고 밝혔던 사실과 무관하지 않은 것이다. 즉, 바그너는 자칭 위대한 현자라고 거리에서 소리치지만 자신의 뛰어난 업적에도 불구하고 마가레트에게 집착함으로써 여인을 탐닉한 스승 파우스트의 전철을 그대로 답습한다. 파우스트에게 학문이 더 이상 의미를 갖지 못하게 된 것처럼 영화 속에서 결과적으로 마가레트에 의해 죽어가는 호문쿨루스는 바그너의 학문도 파우스트의 그것처럼 가치를 상실할 수 있음을 시사한다.

사실 원작에서 바그너는 히포크라스테스의 경구로 알려진 "예술은 길고 인생은 짧다"를 스승의 면전에서 직접 인용함으로써, 흘러간 시간을 탄식했던 파우스트에게 '참기 힘든 녀석'이 될 수밖에 없었다(하인리히, 2008: 70). 더구나 바그너는 스승도 이루지 못했던 위대한 업적을 성취하는 데 만족하지 못하고 마가레트까지 욕망함으로써 또 다른 명성을 취하려 한다. 영웅은 명예와 명성이 모든 것인 존재이기에 헬레네를 소유함으로써 자신의 이름을 더욱 떨치게 할 또 다른 명성을 얻는 것(김수용, 2004: 215)처럼 바그너 역시 '위대한 현자' 이상의 명성을 원했던 것과 같다.

충실히 학문의 길을 걸었던 바그너까지 더 높은 명성을 욕망한 것은 분명 악마적 영향이라고밖에 볼 수 없다. 원작에서 호문쿨루스의 창조 과정에 메피스토펠레스가 관여한 사실도 이와 무관하지 않다. 중세 무신론의 시각에서 볼 때 부와 명예, 영광, 육욕, 종교에 기반을 두지 않은 속세의 학식은 모두 사탄의 유혹이었다(Жирмунский, 1978). 괴테의 원작 속 파우스트의 시대는 이미 16세기 르네상스에 해당하지만 괴테에게 악마의 이미지는 여전히 존재했으며, 소쿠로프의 관심 대상인 악마주의의 근원은 바로 중세와 관련이 있는 것이다(Хренов, 2013). 즉, 남녀 간의 이성적 결합을 부정하면서 호문쿨루스 완성을 정당화했던 바그너는 자가당착이라는 비난을 피할 수 없는 상황이다. 그는 "동물들은 앞으로도 그런 짓을 계속 즐길지 모르지만/ 위대한 천성을 타고난 인간이라면/ 장차 보다 고귀하고 고상한 근원에서 태어나야지요"(괴테, 2008: 209)라고 말했던 사람이기 때문이다.

소쿠로프 감독은 파우스트의 다음 모습을 통해 그러한 명성의 허상을 적나라하게 표출시킨다. 호문쿨루스의 죽음과 마가레트로부터 외면당한 사실 때문에 비통해하는 바그너는 이를 위한 예고에 불과하다.

3. 반(反)파우스트 지향

일찍이 빨래터 한가운데 서 있던 마가레트를 보고 정욕을 느끼는 파우스트를 묘사한 바 있던 소쿠로프 감독은 마가레트와의 관계 직전 파우스트가 그녀를 만나는 장소로 호숫가를 선택한다. 감독은 이곳에서 둘이 서로 포옹한 채 잔잔한 호숫가에 천천히 몸을 던지는 순간을 상당히 정적(靜的)으로 연출함으로써 정지된 스틸 컷 효과를 주고 있다.

순간적으로 정지된 느낌은 파우스트가 마가레트와 관계를 맺는 다음 장면에서도 이어진다. 마침 이때 파우스트는 시계가 멈췄고 시계 바늘이 떨어졌다는 것을 인지한다.

파우스트　　　멈추어라! 너 정말 아름답구나!

　　　　　　　내가 세상에 이루어놓은 흔적은

　　　　　　　영원토록 사라지지 않을 것이다.

　　　　　　　이러한 드높은 행복을 예감하면서

　　　　　　　지금 나는 최고의 순간을 맛보고 있노라.

　　　　　　　(파우스트, 뒤로 쓰러진다.……)

메피스토펠레스　…… 내게는 그렇게도 거세게 항거하던 놈이

　　　　　　　지만 세월 앞엔 별 수 없이, 백발이 되어 여

　　　　　　　기 모래밭에 누웠구나.

　　　　　　　시계는 멈추었다.

합창　　　　　멈추었다! 한밤중과도 같이 조용하구나.

　　　　　　　시계 바늘이 떨어진다.

메피스토펠레스　바늘은 떨어지고, 일은 끝났다.

(괴테, 2008: 365~366, 밑줄은 필자)

사실 시간이 멈췄다는 이 표현은 원작의 마지막 부분에 등장하며, 파우스트는 원작의 메피스토펠레스의 대사를 그대로 읊조린 것에 불과하다. 즉, 파우스트는 마가레트와의 하룻밤을 위해 뮐러와 계약했기 때문에 그녀와 관계를 맺은 이상 계약 완료가 임박한 것이고, 영화는 정지된 시간 장면을 통해 이러한 정황을 상징적으로 나타내고 있는 것이다. 그러나 좀 더 주의 깊게 살펴보아야 할 부분은 다음 대목이다.

　　괴테는 원작 1부에서 파우스트와의 사랑 때문에 파멸한 후 구원받는 마가레트를 묘사하고, 원작 2부에서 해안 지대 간척 등을 통해 행동하는 파우스트를 묘사하면서 특히 그의 역점사업 결과에 심취한 마지막 대단원을 인용문에서 보듯이 '영원히 머물고 싶은 순간'으로 묘사한 바 있다. 하지만 소쿠로프 감독은 원작 2부의 마지막 대단원에 나오는 메피스토펠레스의 대사("바늘은 떨어지고, 일은 끝났다")를 마가레트와의 관계(원작 1부의 사건) 직후로 앞당겨 차용함으로써 사실상 원작 2부의 나머지 세세한 내용을 생략하는 대신 파우스트와 마가레트의 관계를 영혼을 내주어도 좋을 정도로 '영원히 머물고 싶은 순간'으로 인식하도록 한다. 원작에 묘사된, 해안 지대 간척을 통해 제방 건설이 완료되는 시점을 '영원히 머물고 싶은 순간'으로 묘사하지 않으려는 감독의 의도가 담겨 있음은 물론이다. 힘과 권력에 의해 '영원히 머물고 싶은 순간'의 성취를 묘사했던 괴테의 시각과 정면 배치되는 지점이다.

시간이 정지된 것을 인지하는 파우스트

　소쿠로프 감독은 파우스트가 마가레트를 유혹해 관계를 맺기까지의 내용을 영상으로 옮기는 데 영화 상영 시간의 대부분을 할애하고 있다. 영화의 마지막 부분에서 마가레트의 앞날을 묻는 파우스트의 질문에 그녀는 감옥에 가게 될 것이라고 밀러가 답한다. 마가레트의 투옥 장면은 원작 1부에 등장한다. 즉, 원작 1부가 사실상 영화의 마지막까지 다뤄지고 있음을 보여주는 대목이며, 영화 상영 시간 134분 중 마지막 10여 분 정도의 분량에 원작 2부가 요약되어 있다고 볼 수 있다.

　그 이후 영화는 흔히 근대정신의 원형으로 불리며 절대적인 권력을 휘두른 지배자로서의 파우스트를 묘사한다. 방대한 분량의 원작 2부를 10여 분 남짓한 시간으로 요약한다는 것은 애초부터 무리한 설정일 수도 있고 원작에 충실한 각본을 기대했던 독자라면 아쉬움이 남을 대목이지만, 그만큼 영화의 후반부를 주목할 필요가 있다.

파우스트는 마가레트와의 관계 후 죄책감에 사로잡힌 듯 마가레트의 방을 서둘러 빠져나와야겠다는 생각을 한다. 파우스트가 황급히 옷을 챙겨 입고 방을 나오자마자 뮐러는 그에게 느닷없이 고대의 갑옷을 챙겨 입히고는 어디론가 황망히 길을 떠난다. 원작 2부에서 반란군을 진압하는 장군을 연상시키는 복장을 갖춘 뒤 영화 속 파우스트는 뮐러와 길을 떠나는 도중 낯선 이들로부터 뜻밖의 인사를 받는다. 그들은 파우스트에게 자신들을 지휘해줄 것과 전쟁터로 인도해줄 것을 요청한다. 그 중에서 파우스트의 손을 맞잡고 얼굴까지 파묻으며 감사의 인사를 하는 사람은 다름 아닌 마가레트의 오빠, 발렌틴이다. 그는 술집에서 뮐러와 사소한 시비 끝에 싸움을 했던 인물로, 뮐러가 개입하면서 예기치 않게 파우스트에 의해 죽은 사람이다.

파우스트에게 발렌틴을 살해하려는 의도는 없었지만, 자신을 살해한 자에게 일말의 원망이나 복수심을 표출하기는커녕 피살자가 감사의 인사를 하고 있는 상황은 그 어떤 논리로도 설명이 불가한 장면이다. 발렌틴이 파우스트의 손을 잡으며 감사의 인사를 건네자 이내 그를 알아본 파우스트는 당황한 나머지 그 자리를 벗어나려고 안간힘을 쓴다. 이는 곧 파우스트 자신도 처음에는 발렌틴의 태도를 이해하지 못했다는 뜻이다. 그러자 뮐러는 발렌틴을 비롯한 일련의 무리들에게는 살아 있다는 것 자체가 고통이기 때문에 오히려 죽임을 당한 것이 감사한 일이라면서 파우스트의 처지를 두둔한다. 그럼에도 파우스트는 거듭 발렌틴을 비롯한 일련의 무리들이 왜 자신에게 감사를 표하는지 의아해한다. 그러자 뮐러는 발렌틴은 어머니에게도 사랑받지 못한 아들이었고, 변덕이 심한 여동생 마가레트에게도 상처를 받은 오빠였음을 파우스트에게 알려준다. 뮐러의 이 언급이 나름대로 타당한 이유는 발렌틴의 장례식 장면에서 찾을 수 있다. 뮐러와 파우스트는 발렌틴의 장례식을 찾아가 조문하는데, 그 자리에서 발렌틴의 모친은 아들을 제대로 알지 못하며, 아들은 전쟁터를 떠돌아 다녀 집에도 거의 들어오지 않았다고 뮐러에게 조용히 고백한다. 파우스트는 마가레트의 옆에 서 있던 탓에 모친의 고백을 듣지 못했지만, 자식과 어미가 소원한 관계였다는 뮐러의 발언이 사실에 근거하고 있음을 보여주는 것이다.

원작에서 파우스트는 해안 지대 간척 사업에 장애가 되는 노부부를 결과적으로 죽게 함으로써 영락없는 절대 권력자의 면모를 드러낸 바 있다. 원작에서 죽은 노부부는 파우스트 앞에 나타나지도 않으며 그에게 감사 인사를 하지도 않는다. 노부부의 사망 보고를 받은 파우스트는 사고를 저지른 자들에게 격노하며 예기치 못한 결과에 당황한 모습을 보인다. 영화에서 발렌틴의 감사 표시로 어찌할 바를 모르던 파우스트의 모습을 떠올리게 하는 장면이다. 하지만 원작 속 파우스트의 근심은 잠시뿐 곧 자신의 제방 건설을 계속해 역동적으로 추진한다.

영화 속에서도 얼마 지나지 않아 파우스트는 이미 저 세상 사람이 된 발렌틴을 무엇 때문에 자신에게 보여주었는지 뮐러에게 거칠게 항의한다. 소쿠로프 감독은 이처럼 사망한 발렌틴을 등장시켜 원작 속 노부부 장면을 대신하며, 이 과정을 통해 '행동하는 권력자' 파우스트의 맹점을 파헤치기 시작한다. 즉, 그는 살해된 사람이 가해자인 살인자에게 머리 숙여 감사를 표시하는 극단적인 상황을 상정함으로써 관객에게 또 다른 성찰 과제를 던진다. 비록 가해자일지라도 이러한 상황이 조성된다면 원작 속의 '권력자' 파우스트처럼 점차 그런 환경에 무감각해질 수 있고, 나아가 자신의 모든 행위에 대해 스스로 정당성을 부여하며, 그 결과 배타적 지위를 누릴 개연성이 있음을 지적하고 있는 것이다.

영화는 이처럼 권력화한 파우스트에 관한 문제를 제기한다. 간척 사업을 통한 제방 건설의 장대한 위엄은 영화에 표현되지 않지만 발렌틴이 감사를 표하는 장면은 분명 막강한 힘을 지닌 권력자에 대한 피지배자의 맹목적인 복종, 혹은 피지배자에 대한 위정자의 우월성을 내포하고 있다. 곧이어 등장하는 분화구 장면은 파우스트의 권력에 대한 우려가 어떻게 현실화되는지를 여실히 보여준다.

포말과 함께 분수처럼 치솟는 화산 분화구를 바라보며 감탄하던 파우스트는 돌연 하느님은 화산의 생성 원리를 모르지만 자신은 알고 있노라고 자신 있게 말한 뒤, 이러한 장관을 재현하기 위해 그곳에 머물겠다는 뜻을 피력한다. 자연의 장관을 일개 인간이 재현하는 것은 원작에서의 해안 개척 사업에 비견되는 일이다. 자연을 거스르는 인위적인 대규모 역사(役事)인 해안 지대 개발을 주도한 원작 속 파우스트와 "중요한 것은 행동"이라고 강조하며 장관 재현을 자신하는 영화 속 파우스트의 태도가 일맥상통하는 이유다. 원작에서 파우스트는 애초부터 "태초에 말씀이 있었다"라는 「요한복음」의 『성경』 구절을 "태초에 행위가 있었다"라고 바꿔 해석하는 사람이었기 때문이다(괴테, 2008: 39).

파우스트는 점차 밀러와 대립하면서 힘 있는 행동가로서의 본색을 드러낸다. 그는 밀러를 향해 계약의 시발점이 된 담보물인 반지의 값도 준 적이 없다고 비난함으로써 반지를 돌려받은 사실을 부정하는 동시에 이 모든 거래의 시작이 이 자신의 선택이었음을 부정한다. 또한 권력은 스스로 쟁취하는 것이라고 당당히 맞섬으로써 그동안 밀러로부터 받았던 도움을 외면한다. 발렌틴이 감사를 표현한 것은 파우스트 스스로 자신의 권력을 실감하는 계기가 되지만, 사실 발렌틴의 죽음을 야기한 진범이 밀러라는 점을 기억한다면 파우스트의 권력 쟁취 운운은 언어도단에 가깝다. 이에 다급해진 밀러는 계약서를 꺼내면서 파우스트의 영혼을 요구하지만 파우스트는 자신이 서명한 계약서까지 내던지고 급기야 밀러를 돌로 내리치기에 이른다. 자신을 시험에 들게 유혹하고 인도했던 밀러였

화산 분화구 앞의 파우스트　　　　　　돌로 뮐러를 치는 파우스트

지만 이제 그가 방해가 되자 자기 합리화를 위해 궤변을 늘어
놓고, 계약을 파기하며 폭력도 서슴지 않는 것이다.

　파우스트의 일방적인 계약 파기는 계약 시간 만료에 따른
영혼의 반납을 거부한 것을 의미하며, 영혼 반납에 자연히 수
반될 수밖에 없는 육체 또한 순순히 내줄 수 없다는 일종의 적
반하장과 같다. 뮐러와의 거래에서 파생된 부채나 다름없는
돈과 시간, 육체와 영혼 지불을 모두 부정하는 완악한 그에게
서 예전에 먹을 것과 돈을 찾아 전전긍긍하던 필부의 모습은
더 이상 보이지 않는다. 원작과 상반된 전개는 당혹감을 안겨
주기에 충분하며, 관객은 이제 위압적인 파우스트에게 점차
회의적인 시선을 보내는 동시에 마가레트와의 관계 주선을 통
해 계약을 충실히 이행한 쪽은 오히려 뮐러라는 인상을 받는
다. 전당업자의 악액질(惡液質)은 정당화되고, 파우스트의 형
상 속에 내재된 악의 근원은 더욱 강화되며, 그로 인해 파우스

트에게 과연 구원이 합당한 것인지 회의하지 않을 수 없게 된다.

　　창조주인 신도 모르는 자연 현상을 자신은 알고 있다는 파우스트와, 이러한 장관을 본인 스스로 재현해보겠다는 파우스트에게서는 분명 신에 버금가는 수준이 아니라 아예 신을 뛰어넘는 오만함이 엿보인다. 주기적으로 치솟는 화산 분화구는 행동하는 권력욕이 그치지 않고 계속될 것을 의미하며, 마지막 배경으로 쓰인 광활한 대지는 그의 행동반경이 끝없이 펼쳐질 것을 암시한다. 그리하여 선은 없는데 악은 존재한다는 바그너의 자조 섞인 발언이 이제는 제어할 길 없는 권력을 지닌 파우스트를 향한다. 즉, 파우스트는 악을 제거함으로써 선의 경지에 도달한 것이 아니라 악조차 징계할 수 있는 절대적인 권력자의 길로 들어섰음을 상징하는 것이다.

당신을 웃거나 울게 하는 영화가 있고,

당신의 삶을 바꾸는 영화가 있다.

영화 〈파우스트〉가 이에 해당한다.

　　　　　베니스 국제영화제 심사위원장

　　　　　대런 애로노프스키(Darren Aronofsky)

　　러시아의 영향력 확대를 통해 과거 소련의 영광을 재현하려는 푸틴 대통령은 오히려 자국의 지원 의혹을 받고 있는 친러 반군의 여객기 격추사건으로 역풍을 맞았으나 이에 개의치 않는 상황 속에서 영화 〈파우스트〉는 묘한 여운을 남기고 있다. 영화는 권력의 정점에 서 있는 이로부터 지원을 받아 제작됐지만 정작 감독은 그 영화를 통해 권력의 무상함을 그리고 있는 것이다. 물론 소쿠로프 감독이 묘사한 권력자 파우스트와 현재의 푸틴 대통령을 단순히 동일선상에 놓고 비교하는 것은 지나친 논리적 비약일지도 모른다. 영화의 진정한 메시지는 특정 시대의 특정 인물이나 괴테의 원작 속 배경인 16세기의 파우스트에만 한정되는 것이 아니라, 시간과 공간을 초월해 모든 인간과 권력에 적용될 수 있기 때문이다.

2012년 대선에서 푸틴 대통령의 지원 유세를 거부한 바 있는 소쿠로프의 모습도 기억할 필요가 있다. 푸틴과 관련된 영화를 만들 의향이 있는지를 묻는 질문에 그는 다음과 같이 답변했다. "나는 푸틴과 같은 인물들에 관한 영화를 만들 생각이 없습니다. 그들은 내 관심 밖의 사람들이기 때문입니다.…… 그가 지원해준 돈은 국가의 것이지 그의 것이 아닙니다. 그에게 여분의 돈이 더 있는지는 모르겠지만, 공식적인 봉급에 의하면 그에게 다른 돈은 없어야 합니다. 나는 오직 내 관객에게 책임을 질 뿐입니다"(Szaniawski, 2014: 265~266). 일각에선 푸틴 대통령이 조국 러시아의 영혼을 유럽에 전파할 목적으로 자신의 계몽지도 아래 영화제작을 지원했다는 주장도 제기되고 있다. 이에 따라 소쿠로프 감독을 파우스트로 볼 수 있고, 푸틴 대통령을 그의 유혹자로 볼 수 있다는 것이다. 시각의 적절성 여부를 떠나 이처럼 영화 이면의 정치적 배경과 함의에까지 주목하는 것은 영화가 지닌 위상과 파급력을 단적으로 드러내는 예로 볼 수 있다. 분명한 것은 독일의 세계적인 고전이 러시아 감독에 의해 탈바꿈되었으며, 유럽은 이 영화의 독창적 해석과 예술성에 대해 최고의 영예인 황금사자상으로 화답했다는 사실이다.

신의 허락을 받아 메피스토펠레스의 유혹으로 시작되는 원작의 플롯 자체는, 죄를 지었으나 구원을 받는다는 반전을 담고 있지만 진부하다. 반면 소쿠로프 감독의 영화는 파우스트의 끝없는 탐욕을 묘사했다는 점에서 볼 때 반전은 없으나 오히려 충격적인 결말을 담고 있다. 그리하여 선과 악의 싸움이 아니라 아예 선은 없고 악만 있는, 비관적이며 씁쓸한 세상이 그려진다.

신도 쉽게 제거할 수 없는 악을 스스로 정죄하며 심판하는 파우스트 앞에 그 어떤 장애물도 문제될 것이 없다. 뮐러는 발렌틴이 죽게 되는 술집에서 벽을 칼로 찔러 포도주를 솟구치게 하고, 마가레트와의 하룻밤을 갈망했던 파우스트를 위해 그를 마가레트의 방으로 인도하는 마법을 선보이지만, 원작에서 메피스토펠레스가 선보인 변화무쌍한 마법에 비하면 극히 제한적인 사용에 그친다. 자신을 돌로 내리치는 파우스트에게 별다른 저항조차 하지 못하며 쓰러지는 뮐러의 소극적 대응은 쉽게 납득하기 어렵다. 소쿠로프 감독이 강조하는 것은 악을 제거할 수 있는 파우스트 권력의 긍정성에 있는 것이 아니라, 파우스트에 의해 힘없이 쓰러지면서 뮐러가 내뱉은 말에 있는지도 모른다. 파우스트처럼 막강해진 권력자를 인도할 사람은 이제 없다는 회의적인 시각과 함께 설령 그러한 사람도 모든 것을 자신의 뜻대로 결정할 수는 없다는 세상 순리를 나지막이 밝히고 있는 것이다. 덧붙여 뮐러는 구원은 없다고 말함으로써 파우스트의 앞길이 허망할 것을 예고한다. "인간은 노력하는 한 방황하는 법"이라는 글을 남긴 괴테는 그토록 방황했던 파우스트에게 구원의 정당성을 부여했으나, 소쿠로프 감독은 이처럼 절대적인 권력을 지닌 지배자에 대한 비판적인 시각을 통해 반(反)파우스트 노선을 견지하고 있음을 드러낸다.

원작에서는 "영원히 여성적인 것이 우리를 이끌어가는도다"라는 신비로운 합창이 파우스트의 구원을 확증한다[신비의 합창: 일체의 무상한 것은/ 한낱 비유일 따름이다/ 완전치 못한 일들도/ 여기서는 실제 사건이 된다/ 형언할 수 없는 것들도/ 여기에서는 이루어진다/ 영원히 여성적인 것이/ 우리를 이끌어가는도다(괴테, 2008: 382)]. 하지만 영화에서는 뮐러를 제압한 후 자신감에 차서 어디론가 힘차게 발걸음을 내딛는 파우스트에게 어디로 가는지를 묻는 가녀린 소리가 천상으로부터 들릴 뿐이다. 영원히 여성적인 것이 구원에 이르게 한다는 합창은 어디에도 들리지 않는 것이다. 거칠 것 없는 행보를 보이는 파우스트를 향해 구원을 부정했던 뮐러를 옹호하기 위한, 감독의 의도적 생략으로 볼 수 있다. 또한 이 천상의 소리에는 '행동하는 권력자'가 앞으로 가고자 하는 길에 대한 염려와 불안이 조심스럽게 묻어 있다. '어디로 가고 있는가.' 감독이 우리에게 전하는 마지막 메시지이기도 하다.

참고문헌

1. 국내 문헌

괴테, 요한 볼프강 폰(Johann Wolfgang von Goethe). 2008. 『파우스트』.
　　이인웅 옮김. 문학동네.

김수용. 2004. 『괴테. 파우스트. 휴머니즘』. 책세상.

디디위베르만, 조르주(Georges Didi-Huberman). 2012. 『반딧불의 잔존-
　　이미지의 정치학』. 김홍기 옮김. 도서출판 길.

벤야민, 발터(Walter Benjamin). 1983. 『발터 벤야민의 문예이론』. 반성완
　　편역. 민음사.

손택, 수전(Susan Sontag). 2004. 『타인의 고통』. 이재원 옮김. 이후.

에커만, 요한 페터(Johann Peter Eckermann). 2013. 『괴테와의 대화 1』.
　　장희창 옮김. 민음사.

이재원·임홍배 외. 2007. 『독일 명작의 이해』. 서울대학교 출판부.

자네티, 루이스(Louis Giannetti). 1999. 『영화의 이해』. 김진해 옮김. 현암사.

정미숙. 2015. 『영화 속 인문학 여행』. 경성대학교 출판부.

짐멜, 게오르그(Georg Simmel). 2013. 『돈의 철학』. 김덕영 옮김. 길.

하인리히, 하랄트(Harald Heinrich). 2008. 『시간추적자들』, 김태희 옮김.
　　황소자리.

라승도. 2011. 「타자의 얼굴: 현대 러시아 영화의 카프카스 이미지」. ≪노
　　어노문학≫, 제23권 2호.

안장혁. 2011. 「괴테 텍스트의 냉소주의 코드: 『베르테르』와 『파우스트』를
　　중심으로」. ≪괴테연구≫, Vol. 24

오원교. 2005. 「신(新)유라시아주의: 세계화 시대의 러시아적 대안 문화론」.
≪슬라브연구≫, 제20권 1호.

울프, 버지니아(Woolf, Virginia Stephen). 2006. 「3기니」. 이미애 옮김. 『자
기만의 방』. 민음사.

이나라. 2012. 「이미지의 불안정성: 현대 영화에서 이미지의 문제. 소쿠로
프의 영화를 중심으로」. ≪미학≫, 제72집.

이나라. 2013. 「유체적 이미지와 마띠에르」. ≪미학≫, 제74호(여름).

이나라. 2015. 「민중과 민중(들)의 이미지 : 디디 위베르만의 이미지론에서
민중의 문제」. ≪미학≫, 제81호(봄).

이철. 1998. 「러시아문화와 메시아니즘」. ≪슬라브연구≫, 제14권.

장실. 1998. 「러시아 근대 문화의 형성과 외국 문화의 영향」. ≪슬라브연구≫,
제14권.

정미숙. 2007. 「알렉산드르 소쿠로프 감독의 영화에서 죽음의 상징으로서
공간: 〈암피르〉, 〈세컨드 서클〉을 중심으로」. ≪노어노문학≫, 제
19권 제1호.

2. 러시아어 문헌

Арьес, Ф. 1992. *Человек перед лицом смерти*. М.: Прогресс

Батай, Ж. 2000. *Теория реликии, Летература и Зло*. Минск: Прогресс.

Бердяев, Н. А. 1970. *Русская идея*. Paris: YMCA.

Бодрийяр, Ж. 2000. *Символичпеский обмен и смерть*. М.: Добросвет.

Доброхотов, А. 1990. *Данте Алигьери*. М.: Мысль.

Жирмунский, В. М. 1978. *История легенды о Фаусте*. М.: Наука.

Жирмунский, В. М. 1982. *Гете в русской литературе*. Л.: Наука.

Лихачев, Д. С. 1979. *Поэтика древнерусской литературы*. М.: Наука.

Мерло-Понти, М. 1999. *Феноменология восприятия*. СПб.: Ювента-Наука.

Тынянов, Ю. Н. 1977. *Поэтика. История литературы. Кино*. М.: Наука.

Фуко, М. 1998. *Рождение клиники*. М.: Смысл.

Хатчесон, Д., Юм, Ф., Смит, А. 1973. *Эстетика*. М.: Искусство.

Ямпольский, М. 1996. *Демон и лабринт*. М.: НЛО.

Ареопагит. Псевдо-Дионисий. 1990. "Corpus Areopagiticum: О
Божественных именах." *Общественная мысль: Исследования и
публикации*. Вып. 2. М: Наука.

Гращенкова, Ирина. 2000. "Одинокий голос человека." *Шедевры российского кино*. М.: Андреевский флаг.

Добротворская, К. 1994. "Обломок империи." *Сокуров*. СПб: Сеанс.

Зензинов, А. Б. 1997. "Физическая реальность: к реабилитацин через деформацию. об игровом кинематографе Александра Сокурова." *Киноведческие записки*, No.33. НИИИ.

Иванова, Э. И. 2013. "Фауст–Символ эпохи? Is Faust the symbol of the era?" *Педагогика искусства*, No.2.

Лотман, Ю. М. 2002. "Роль дуальных моделей в русской культуре (до конца XVIII века)." *История и типология русской культуры*. СПб.: Искусство.

Мурзина, Марина. 1992. "Одинокий всюду пустыня." *Известия*, Vol. 30, No.VI.

Сокуров, А. 2002. "Останется только культура." *Искусство кино*, No.7.

Сокуров, А. 2003. "Вписаться в течение времени, не перекраивая его...." *Из интервью, Кинозаписки*, No.63.

Тарковский, А. 1967. "Запечатленное время." *Вопросы киноискусства*, Вып.10.

Фрейд, З. 1995a. "Размышления о войне и смерти." *Архетип*, No.2.

Фрейд, З. 1995b. "Скорбь и меланхолия." *Художник и фантазирование*. М.: Республика.

Хренов, Н. А. 2013. "Искусство как творчество культуры: Архетипы святости и демонизма на российском экране эпохи глобализации." *Ярославский педагогический вестник*, No.1, Т.1.

Хренова, Д. И. 1997. "Лицо и тело в кинематографе Александра Сокурова." *Киноведческие записки*, No.33. НИИИ.

Ямпольский, М. 1994. "Возвращение домой. Сокуров/Чехов: воспоминание и повторение." *Новое литературное обозрение*. N.7.

3. 영어 문헌

Beumers, Birgit. 2009. *A history of Russian cinema*. Oxford and New York: Bloomsbury Academic.

Freud, S. 1963. *Character And Culture*. New York: Collier.

Goffman. E. 1967. *Interaction Ritual: essays on face-to-face behavior*. New York: Doubleday.

Nabokov, Vladimir. 2002. *Lectures on Russian Literature*. New York: Mariner Books.

Perniola, M. 1989. *Between Clothing and Nudity/Fragments for a History of the Human Body*. Part 2. New York: Zone books.

Rollberg, Peter. 2010. *The A to Z of Russian and Soviet Cinema*. Lanham: Scarecrow Press, Inc.

Rzhevsky, Nicholas ed. 1998. *The Cambridge Companion to Modern Russian Culture*. Cambridge; New York: Cambridge University Press.

Szaniawski, Jeremi. 2014. *The Cinema of Alexander Sokurov. Figures of Paradox*. London: Wallflower Press.

Twain, Mark. 1897. *Following the Equator*. Hartford: American Publishing Co.

Weiss, A. S. 1989. *Aesthetics of Excess*. New York: State University of New York Press.

Christie, I. 2011. "Faust and Furious." *Sight and Sound*, Vol.21, No.12.

Didi-Huberman, Georges. 1988. "The Index of the Absent Wound (Monograph on a Stain)." *October: The First Decade, 1976~1986*. Cambridge and London: MIT Press.

Galetski, Kirill. 2011. "The Foundations of Film Art: An Interview with Alexander Sokurov." *Cineaste*, No.3.

Gorer, G. 1995. "Death, Grief and Mourning." *The Pornography of Death*. New York: Doubleday.

Harte, Tim. 2005. "A visit to the museum: Aleksandr Sokurov's *Russian Ark* and the Framing of the Eternal." *Slavic Review,* 64, No.1(Spring).

Iampolski, M. 1999. "Representation, Mimicry, death." Birgit Beumers, ed. *Russia on Reels: The Russian Idea in Post-Soviet Cinema*. London: I. B. Tauris.

Klossowsky, P. 1977. "Nietzsche's Experience of the Eternal Return." *The New Nietzsche(Contemporary Styles of Interpretations)*. New York: Doubleday.

Kujundzic, Dragan. 2004. "After: The Arkive Fever of Alexander

Sokurov." *Quarterly Review of Film and Video*, No. 21.

Quandt, J. 2013. "Mephisto Waltz: Alexander Sokurov's Faust." *Artforum*, Vol. 52, No. 3.

Schrader, Paul. 1997. "The history of an artist's soul is a very sad history." *Film Comment*, Vol. 33(6)(Nov/Dec).

Sedofsky, Lauren. 2001. "Plane Songs: Lauren Sedofsky talks with Alexander Sokurov." *Artforum*, N. 3(November).

Szaniawski, Jeremi. 2006. "Interview with Aleksandr Sokurov." *Critical Inquiry*, Vol. 33, No. 1.

4. 프랑스어 문헌

Ariès, Ph. 1977. *Essais sur l'histoire de la mort en Occident du Moyen-Age à nos jours*. Paris: Seuil.

Arnaud, Diane. 2005. *Le cinéma de Sokourov: figures d'enfermement*. Paris: L'Harmattan.

Aumont, Jacques. 2008. *L'œil interminable*(édition revue et augmentée). Paris: Éditions de la Différence. collection 'Les essais'.

Bataille, G. 1989. *Théorie de la religion*. Paris: Gallimard.

Bergson, Henri. 1970. *L'Evolution créatrice*(1907). in *Œuvres*. éd. A. Robinet(1959). Paris: PUF.

Blanchot, Maurice. 1978. *L'Espace littéraire*. Paris: Gallimard, 'Idées'.

Custine, Marquis Astolphe de. 1843. *La Russie en 1839*, 4 vols. Bruxelles: Wourters.

Derrida, J. 1972. *La dissémination*. Paris: Éditions du Seuil.

Didi-Huberman, Georges. 1985. *La peinture incarnée, suivi de Le chef-d'œuvre inconnu par Honoré de Balzac*. Paris: Les Éditions de Minuit.

Didi-Huberman, Georges. 1990. *Devant l'image*. Paris: Éditions de Minuit.

Didi-Huberman, Georges. 1995a. *Fra Angelico: Dissemblance et figuration* (1990). Paris: Flammarion.

Didi-Huberman, Georges. 1995b. *La Ressemblance informe, ou le gai savoir visuel selon Georges Bataille*. Paris: Macula.

Didi-Huberman, Georges. 2001. *Devant l'image*. Paris: Les Éditions de Minuit.

Didi-Huberman, Georges. 2003. *Images Malgré tout*. Paris: Les Éditions de

Minuit.

Didi-Huberman, Georges. 2009. *Survivance des lucioles*. Paris: Les Éditions de Minuit.

Didi-Huberman, G., Mannoni, L. 2004. *Mouvements de l'air: Etienne-Jules Marey, Photographe des fluides*. Paris: Gallimard/ Réunion des Musées nationaux.

Foucault, M. 1963. *Naissance de la clinique*. Paris: PUF.

Gagnebin, Muriel ed. 2002. *L'ombre de l'image: De la falsification à l'infigurable*. Seyssel: Champ Vallon.

Merleau-Ponty, M. 1981. *Phenomenologie de la perception*. Paris: Gallimard.

Albera, François, et Michel Estève ed. 2009. "Alexandre Sokourov: de la singularité à l'exemplarité." *Alexandre Sokourov(Aleksandr Sokourov)*: dirigé par François Albera et Estève, Michel. «CinémAction» n°133. Éditions Charles Corlet(Condé-sur-Noireau).

Arnaud, Diane. 2009. "Le poéique de l'espace chez Sokourov." *Alexandre Sokourov(Aleksandr Sokourov)*: dirigé par François Albera et Estève, Michel. «CinémAction» n°133. Éditions Charles Corlet(Condé-sur-Noireau).

Benjamin, Walter. 2000. "Sur le concept d'histoire"(1940). trad. M. de Gandillac revue par P. Rusch. *Œuvres, III*. Paris: Gallimard.

Büttner, Tilman. 2003. "Entretien avec Tilman Büttner." Steadicamer et chef opérateur de *L'Arche russe*. ≪J'avais l'impression de marcher très tranquillement vers mon exécution≫. *Vertigo*, n°24.

Frappat, Hélène. 2004. "Dieu n'a pas besoin du cinema." *Cahiers du cinéma*, n°586(janvier).

Lalanne, Jean-Marc. 2002. "C'est quoi ce plan?" *Cahiers du cinéma*, n°569 (juin).

Neyrat, Cyril. 2003. "Éloge de la traversée." *Vertigo*, n°24.

Rancière, Jacques. 1999. "Le cinéma comme la peinture?" *Cahiers du cinéma*, n°531.

Rollet, Sylvie. 2009. "Le spectre des images." *Alexandre Sokourov (Aleksandr Sokourov)*: dirigé par François Albera et Estève, Michel. «CinémAction» n°133. Éditions Charles Corlet(Conde-sur-Noireau).

Sokourov, Alexandre. 1994. "*Les hommes et les lieux*, propos recueillis par Rémy Guinard." *Mensuel du cinéma*, n°17(mai).

Sokourov, Alexandre. 1998. "*Nostalghia*, entretien avec Alexandre Sokourov réalisé par Antoine de Baeque et Olivier Joyard." *Cahiers du cinéma*, n°521(février).

이 책에 참여한 사람들

김수환 서울대학교 노어노문학과와 동 대학원을 졸업하고 러시아학술원 문학연구소에서 로트만의 문화기호학 이론으로 박사 학위를 받았다. 고려대학교, 상명대학교, 서울대학교 등에서 강의했고, 이화여자대학교 HK 교수를 거쳐 현재 한국외국어대학교 러시아학과 교수로 재직 중이다. 러시아 기호학과 문화 이론, 러시아 사상사를 비롯해 문화기호학 전반에 걸친 연구를 진행하고 있으며, 현재 ≪인문예술저널≫의 편집 위원으로 활동하고 있다. 로트만의 기호학, 러시아 형식주의 및 문화 이론에 관한 다수의 논문을 발표했다. 저서로는 『사유하는 구조: 유리 로트만의 기호학 연구』(2011), 『책에 따라 살기』(2014) 등이 있고, 역서로는 『기호계』(2008), 『문화와 폭발』(2014)이 있다.

김종민 고려대학교 노어노문학과를 졸업한 후 러시아 상트페테르부르크 국립대학에서 석사 학위, 러시아학술원 문학연구소에서 곤차로프의 소설 세계에 관한 논문으로 박사 학위를 받았다. 고려대학교, 단국대학교, 한국외국어대학교 등에서 러시아 어문학 및 문화 관련 강의를 했으며, 현재 강남대학교 국제지역학부 교수로 재직 중이다. 저서로는 『러시아어 문법』(공저, 2007), 역서로는 『안나 카레니나』(2013)와 톨스토이의 에세이를 초역한 『첫걸음』(공역, 2014) 등이 있다. 그 외에 「벌할 수 없는 죄: 무의식의 코드를 통해 본 죄와 벌」(2010), 「안나 카레니나에 나타난 의상의 상징」(2011), 「미성년에 나타난 성서적 기저 텍스트」(2013) 등의 논문이 있다.

라승도 한국외국어대학교 노어노문학과를 졸업하고 동 대학원에서 석사 학위를 취득한 후 미국 텍사스 주립 대학에서 「문학 수력학: 안드레이 플라토노프의 작품에 나타난 유동적 안티-유토피아」라는 논문으로 박사 학위를 취득했다. 한국외국어대학교, 연세대학교 등에서 강의했고, 현재 한국외국어대학교 러시아연구소 HK 연구교수로 재직 중이다. 주요 연구 분야는 러시아 문학과 문화, 영화 등이다. 저서로는 『사뱌틴에서 푸시킨까지: 한국 속 러시아 발자취 150년』(공저, 2015), 『시네마트료시카: 영화로 보는 오늘의 러시아』(2015), 『붉은 광장의 아이스링크: 문화로 보는 오늘의 러시아』(공저, 2008) 등이 있고, 역서로는 『러시아 영화: 문화적 기억과 미학적 전통』(2015) 등이 있다. 그 외에 「모바일 도시: 페테르부르크의 유동적 세계」(2013), 「목가의 해체: 포스트소비에트 러시아 영화의 농촌 공간」(2012) 등의 논문이 있다.

미하일 얌폴스키(Mikhail Yampolsky) 모스크바 사범대학을 졸업하고 러시아학술원에서 프랑스 철학에 관한 논문으로 ph.D를, 모스크바 영화학교에서 하빌리타치온(Habilitation)을 취득했다. 현재 뉴욕 대학 비교문학과 교수로 재직 중이다. 다닐 하름스와 안드레이 플라토노프 등 러시아 작가들에 대한 연구부터 에이젠슈타인, 베르토프, 소쿠로프를 비롯한 러시아 영화와 고다르와 부뉴엘 등 세계 영화사의 거장들에 관한 연구, 나아가 러시아 문화 기호학과 정치철학 일반에 관한 다수의 저작을 발표했다. 대표작으로는 *The Memory of Tiresias*(1998), *Amnesia as a Source*(1997), *Daemon and Labyrinth*(1996), *The Return of Leviathan*(2004), *Spacial History: Three Texts on History*(2013) 등이 있다.

박하연 한국외국어대학교 노어노문학과를 졸업하고 동 대학원에서 러시아의 문화적 특성과 윤리성에 관한 논문으로 석사 학위를 취득했다. 현재 박사 과정에서 리디야 긴즈부르크와 현대 러시아 문화를 연구하고 있다. 러시아의 지식인 문화와 젠더 문제, 현대 소설에 관심이 많다. 역서로는 톨스토이의 『부활』(근간) 등이 있다.

이나라 고려대학교 사회학과 학사, 서울대학교 미학과 석사 졸업 이후 프랑스 파리 팡테옹 소르본 대학에서 현대 영화의 질료 이미지 및 유체성에 관한 논문으로 박사 학위를 취득했다. 고려대학교, 경희대학교, 수원대학교 등에서 강의했고, 현재 강원대학교 영상문화연구소 선임연구원으로 재직 중이다. 주요 연구 분야는 현대 영화 이론, 이미지 문화와 사회,

조르주 디디위베르만의 이미지론 등이다. 저서로는『유럽영화운동』(2015)이 있고, 「이미지의 불안정성: 현대 영화에서 이미지의 문제-소쿠로프의 영화를 중심으로」(2012), 「유체적 이미지와 마띠에르」(2013), 「몸. 이미지. 표현: 현대 중화권 영화의 경우」(2013), 「영화〈그래비티〉의 우주 공간과 '지구-인간': 불안의 감각을 중심으로」(2014), 「민중과 민중(들)의 이미지: 디디 위베르만의 이미지론에서 민중의 문제」(2015) 등의 논문을 발표했다.

이지연 서울대학교 노어노문학과와 동 대학원을 졸업하고 러시아학술원 문학연구소에서 이오시프 브로드스키의 시 세계에 관한 논문으로 박사 학위를 받았다. 상명대학교, 서울대학교, 연세대학교, 이화여자대학교 등에서 강의했고, 한양대학교 아태지역연구센터 HK 연구교수를 거쳐 현재 한국외국어대학교 러시아연구소 HK 교수로 재직 중이다. 주요 연구 영역은 20세기 러시아 문학과 현대 러시아 문화이며, 러시아 혁명기 문화, 러시아 아방가르드, 모스크바 개념주의 등 러시아의 전위적 예술에 관한 다수의 논문을 발표했다. 저서로는『현대 러시아의 해부』(공저, 2014), 『러시아 아방가르드, 불가능을 그리다』(2015), 『제국과 기념비: 권력의 표상공간으로서의 20세기 러시아 문화』(근간) 등이 있다.

이희원 한국외국어대학교 노어노문학과를 졸업한 후 러시아 모스크바 국립대학에서 석사, 동 대학에서 「보리스 코르만의 서사주체체계론(저자이론) 연구」로 박사 학위를 취득했고, 이후 미국 미들베리 칼리지에서 「21세기 러시아 예술영화의 새로운 경향」으로 석사 학위를 받았다. 연세대학교, 고려대학교, 중앙대학교, 한국예술종합학교 등에서 강의했고, 현재 상명대학교 러시아어문학과 조교수로 재직 중이다. 주요 연구 분야는 러시아 현대문학과 러시아 영화 등이다. 저서로는『붉은 광장의 아이스링크』(공저, 2008), 『현대 러시아 대중문화의 양상과 전망』(공저, 2010) 등이 있고, 역서로는『세계 영화 이론과 비평의 새로운 발견』(2003), 『아르세니예프의 생』(2006) 등이 있다. 그 외에『상상의 영토화: 현대 러시아 영화의 유라시아주의 기획』(2012), 「펙스(FEKS)의 영화적 실험과 미학」(2013), 「영화〈위대한 시민〉과 소비에트의 시네마 폴리티카」(2013), 「세르게이 파라자노프의 카르디오그램: 민속지학적 시각과 초장르적 예술이미지」(2015) 등의 논문을 발표했다.

전미라 한국외국어대학교 러시아학과를 졸업하고 동 대학교 노어노문학과 대학원에서 「미하일 바흐친의 사유에서 몸의 문제: 사건-외재성-그로테스크한 몸」이라는 논문으로 석사 학위를 취득했으며, 곧 러시아 유학을 앞두고 있다. 주요 관심 분야는 20세기 러시아 문학 및 문학 이론, 현대 러시아 문화 등이다.

정미숙 동국대학교 연극영화학과를 졸업하고 러시아 국립 영화대학(VGIK) 영화학과에서 석사와 박사 학위를 받았다. 영화사와 이론을 전공했으며, 박사 과정에서는 방송, 영화 및 기타 영상예술 과정을 공부했다. 영화, 방송 및 기타 영상예술 분야와 대중문화예술 분야에 관심을 갖고 연구하고 있으며, 삶과 문화, 역사 그리고 창작과 문화 콘텐츠 관련 과목들을 강원대학교, 경상대학교, 동국대학교, 인하대학교, 한국외국어대학교 등에서 강의했다. 현재 가톨릭관동대학교 방송문화예술대학 교수로 재직 중이다. 저서로는『영화 속 인문학 여행』(2015), 『이야기 속의 이야기: 러시아 애니메이션』(2006), 『영화로 문화 읽기』(공저, 2005) 등이 있다.

홍상우 한국외국어대학교 노어노문학과를 졸업하고 동 대학원에서 석사·박사 학위를 취득했다. 이후 러시아 국립 영화대학(VGIK)에서 러시아 영화사를 공부했다. 현재 경상대학교 인문대학 러시아학과 교수로 재직 중이다. 제9회와 제10회 알마티 국제영화제 국제 경쟁 부문 심사위원, 제34회 모스크바 국제영화제 넷팩(NETPAC)상 심사위원, 제2회 타슈켄트 국제영화제 단편 경쟁부문 심사위원 등 현재에도 러시아와 동유럽, 중앙아시아에서 개최되는 다수의 영화제 심사위원으로 활동하고 있다. 주요 연구 영역은 러시아와 중앙아시아를 비롯한 구소련 영화 예술이며 이에 관한 다수의 논문을 발표했다. 저서로는『중앙아시아 영화를 보다』(2012) 등이 있다.

한울아카데미 1846

알렉산드르 소쿠로프
폐허의 시간

ⓒ 이지연·홍상우 외, 2015

엮은이 | 이지연·홍상우
펴낸이 | 김종수
펴낸곳 | 도서출판 한울
편집 | 최진희

초판 1쇄 인쇄 | 2015년 11월 2일
초판 1쇄 발행 | 2015년 11월 16일

주소 | 10881 경기도 파주시 광인사길 153 한울시소빌딩 3층
전화 | 031-955-0655
팩스 | 031-955-0656
홈페이지 | www.hanulbooks.co.kr
등록번호 | 제406-2003-000051호

Printed in Korea.
ISBN 978-89-460-5846-0 93680(양장)
ISBN 978-89-460-6084-5 93680(학생판)

* 책값은 겉표지에 있습니다.
* 이 책은 강의를 위한 학생판 교재를 따로 준비했습니다.
  강의 교재로 사용하실 때에는 본사로 연락해주십시오.